掌控大趋势

Mastering Megatrends

Understanding and Leveraging the Evolving New World

[奥] 多丽丝·奈斯比特（Doris Naisbitt）
[美] 约翰·奈斯比特（John Naisbitt）—著
西江月—译

中信出版集团·北京

图书在版编目（CIP）数据

掌控大趋势：如何正确认识、掌控这个变化的世界 = Mastering Megatrends: Understanding and Leveraging the Evolving New World /（美）约翰·奈斯比特，（奥）多丽丝·奈斯比特著；西江月译. -- 北京：中信出版社，2018.1（2019. 3重印）

ISBN 978-7-5086-8186-3

I. ①掌… II. ①约… ②多… ③西… III. ①世界经济－经济预测 IV. ①F113.4

中国版本图书馆CIP数据核字（2017）第229651号

掌控大趋势：如何正确认识、掌控这个变化的世界

著　　者：[奥]多丽丝·奈斯比特　[美]约翰·奈斯比特
译　　者：西江月
出版发行：中信出版集团股份有限公司
（北京市朝阳区惠新东街甲4号富盛大厦2座　邮编　100029）
承 印 者：北京通州皇家印刷厂

开　　本：880mm×1230mm　1/32　　印　　张：9.75　　字　　数：210千字
版　　次：2018年1月第1版　　印　　次：2019年3月第4次印刷
京权图字：01-2017-6319　　广告经营许可证：京朝工商广字第8087号
书　　号：ISBN 978-7-5086-8186-3
定　　价：59.00元

人类总是抱怨他成为现在的自己是因为所处的环境，但我不相信这是因为环境。改变世界的是这样一群人，他们寻找梦想中的乐园，当他们找不到时，他们就亲手创造了。

——萧伯纳

目 录

序　追寻大趋势的脚步，感悟趋势之美 // XI
推荐序 1　奈斯比特：把脉趋势，定见未来 // XVII
推荐序 2　从察今到察明：中国学即未来学 // XXIII
引　言　把思想变成一本书 // 001

第一章　新的世界秩序正在形成：从单一大趋势到系统和整体的改变

掌控今天的大趋势 // 010
数字化 // 010
全球化 // 012
聚焦大趋势 // 013
竞争与合作：参与者们的游戏 // 014
自信还是和平崛起？ // 014
在竞争中共存 // 015
西方民主的危机：控制还是推波助澜 // 016
美国梦：覆灭还是重生 // 018
欧盟：如何应对 28 种思维模式 // 019
服务两个“主人” // 020
对“精英政治”的反抗 // 020
掌控危机？ // 021
辨清、掌控大趋势 // 022
旧的世界正在消逝，新的世界正在崛起 // 023

第二章 摆脱思维惯性：如何做出判断并掌控你的情感

不要把一切建立在预想之上 // 028
准备并时刻警醒 // 028
重新调整不是扼杀希望，而是打开新的局面 // 029
向过去学习 // 030
摆脱思维惯性 // 031
紧跟变化的环境 // 033
客观性和心理情感 // 033
镜子，墙上的镜子…… // 034
技术、经济和社会 // 036
为工业 4.0 做准备？ // 037
整个链条的联动 // 038
全球社会的转型 // 040
机会导向还是问题驱动？ // 041
机会与勤奋、战略相伴而生 // 042
排名要看排行榜？ // 043
自我感知与外部感知 // 044

第三章 谁代表未来：理解主要角色的思维模式

美国：踌躇满志的全球舵手 // 049
从高科技的领导者位置上跌落下来？ // 050
美国：从最伟大到伟大 // 052
美国没有失去人才优势，失去的是政治优势 // 053
美国让人最悲哀的纪录 // 054
“让美国再次伟大”促使所有党派联合起来 // 054

欧盟：思想是伟大的，实施却是困难的 // 056

欧盟边界的自由贸易 // 057
世界上最具竞争力和活力的知识经济体？ // 058
用失败的思想摆脱经济萧条？中国却与众不同 // 059
欧盟最大障碍是国家间的利益冲突 // 060
欧洲移民危机 // 063

中国：中央王国的复兴 // 066

中国不是一个单一的整体 // 067
中国与民主问题 // 067
国家的复兴和人们生活的改善 // 068

对中国的心理情感转折点 // 070

自信心：中国已成为世界大国 // 070
自上而下、自下而上的力量必须保持平衡 // 072
中国：一颗冉冉升起的明星 // 074
中国的军事工业 // 076
中国在全球治理中的新作用 // 076

第四章　后来者：新兴角色走上舞台

哪些人属于全球中产阶层？ // 082

界定中产阶层的不同标准 // 083
新的市场，不同的购买力 // 083

非洲：从国外援助到机会遍地 // 085

解决之道 // 085
非洲 54 个主权国家的多样面孔 // 086
实现可持续发展 // 087
普通非洲人面临的机会 // 089
和非洲国家相匹配的投资 // 090
非洲将一直是发展最快的地区之一 // 091
欧洲的非洲政治？ // 092
掌控自己的命运 // 093

亚洲：从向西方学习到主导世界 // 094

东盟：消费阶层的 7 000 万个家庭 // 096
企业领域中一个不断变化的场景 // 097

拉丁美洲：进一步，退半步 // 098

征服者与投资者 // 100
太平洋联盟 vs. 玻利瓦尔联盟 // 102

第五章 世界新图景

过去的长尾：两千年的故事 // 108

1517 年：欧洲历史的转折点 // 110
霸权力量的衰落 // 110
欧洲权力之根 // 111
以西方为中心世界的开始 // 112
西方权威和权力的破灭 // 113
两个国家的起点 // 113
中国重登领先地位的转折点 // 113

从一个以西方为中心的世界到一个多中心的世界 // 114

为什么要掌控未来必须先熟知过去 // 115
过去的全球体系有助于我们掌控未来吗 // 116
掌控 21 世纪的全球治理 // 117
放手过去是拥抱未来的前提条件 // 118
西方不再是普世价值的守护者 // 119

全球发展的新动力 // 119

交往源远流长 // 121
中国航船让最强大的葡萄牙船队相形见绌 // 122
中国与亚非国家的关系没有殖民主义的烙印 // 122
寻求合作基础 // 123

全球劳动人口的增长主要取决于非洲 // 124
中非双赢 // 125
非洲的人口红利 // 126
新的发展动力、新的政治格局 // 127

第六章 掌控一个新的世界

做好准备，从现在开始 // 132

那些处于危险边缘的最普通的工作 // 133
生或死的命题 // 134
未来之路就在眼前 // 135
掌控运算法则 // 136
当你被运算法则炒鱿鱼时，你该责怪谁？ // 137
不仅仅是改变，而是一场革命 // 138

工业 4.0：是希望还是虚幻？ // 139

机器人替代它们的创造者 // 140
中国制造，德国教育与培训 // 141
不要停留在过去的荣耀上 // 141
巨量数据变成智慧 // 142
搭上中国的电子商务班车 // 143
如何保护数据所有权 // 143
促使知识民主化，而非创造精英群体的新工具 // 144
中国不会缺席 // 146
数字化革命的引领者 // 147
不再是一个选项，而是一个必备的战略 // 150

未来的互联网：密码术和隐形传输 // 151

掌控大数据 // 153
大数据是 21 世纪的启蒙运动？ // 156
从比特到量子比特 // 157
欧洲失去了成为第一的机会 // 159
欧洲的结构问题 // 160

区块链和比特币：银行和世界经济的革命 // 161
从人到运算法则 // 161
未来将开放资源、开放标准、开放治理 // 162
合法的土地所有权和世界贫困人口的其他产权的解决方案 // 163
依赖可靠的数学运算逻辑还是暴露在人类缺点的冲击之下？ // 165
站在珠穆朗玛峰上开拓新边界 // 165

第七章 掌控教育挑战

教育由过去还是未来所塑造？ // 172
教育思想和方法的匹配 // 172
教师素质至关重要 // 174
指责之声不绝于耳 // 175
压力和竞争 // 176
不上大学，就找不到工作？ // 177
从全民接受大学教育到教育机会平等的转变 // 179
领导者太多，跟从者太少？ // 180
为什么创造、创新至关重要 // 181
想象力比知识更重要 // 182
学生是训练有素的智能机器的一部分？ // 183
科学想象的关键 // 185
恰当判断的重要意义 // 185
爱因斯坦的直觉与逻辑表达 // 187
我的语言受到限制就意味着我的世界受到限制 // 188
填满一桶水，还是点燃一团火 // 188
中国和美国：在两种不同文化中教学，会面临同样的问题？ // 190
美国教师对教育的思考 // 191
中国：转变机械式的教学模式 // 193
中国教师对教育的思考 // 193
我们该如何成长，如何发展 // 195
最好的建议是什么 // 196

分裂学科有意义吗 // 197
令人眼花缭乱的学科 // 197
选择你热爱的工作 // 198

算法之王 // 199

百万富翁不计其数的地方 // 200
人人上大学，人人有债务 // 201

慕课还是普课？ // 202

高等教育的民主化 // 203
缩小大学所教、企业所需之间的差距 // 204
连接一个学习型世界 // 206

第八章　掌控大众传播

克服主流思维和过时的思维模式 // 209

结构、秩序和大脑的高速公路 // 210
从主流思维模式中自由思考 // 212
观察和行动的不同 // 212
并不是所有媒体都提供高质量的新闻 // 214
漏掉细节，所传达的信息就会改变 // 215
即使本地报纸也需要全球性思维 // 216

政治上的新鼓吹手 // 217

被算法操纵的权力 // 218
社交机器人的危险一面 // 219
对舆论观点的奇妙复制 // 220
事实无法穿越“回音室”的墙壁 // 222
大多数人并不总是对的 // 224
出路还是教育 // 225
只要有一个无知的选民，民主社会就会面临危险 // 226

第九章 “一带一路”：掌控新的贸易秩序

一个大趋势的形成 // 231

“一带一路”代表着什么 // 233
“一带一路”有什么样的历史渊源 // 234
它将如何投资建设 // 236
为什么它实现的可能性很大 // 238
为什么它对全世界的商业发展如此重要 // 238
中国的六大国内因素 // 239
维持增长的动能 // 247

丝绸之路的绿色投资 // 247

避免先污染后治理 // 248
绿色项目投资巨大，但初始回报较小 // 249
可能是世界上最大的合作平台 // 249

第十章 掌控我们的思想

“不一定是对的”的力量 // 253

真理是什么 // 254
你是否愿意改变？ // 255
不打碎鸡蛋就不能做蛋卷 // 255
永远的印记 // 256
坚持“什么是对的”，而不是“谁是对的” // 257
看重实质而不是自我 // 259
与乐观主义者同行 // 259
意愿是思想迸发的源泉 // 260

今天的破坏可能就是明天的解决方案 // 261

19 世纪 80 年代的伦敦：马粪危机的背后 // 261
卡尔 · 本茨的突破性发明 // 262

对工作机会的颠覆：谁会失去工作，解决方案是什么 // 264

最大的土豆也恢复不到工业化以前 // 265
机会导向走向终结 // 266

经济学家有时候也是错的 // 268

为什么我们那么相信经济学家的预测 // 269
坚持可靠的来源 // 271
如何区分趋势和流行 // 272

不要害怕错误 // 272

女性地位越来越突出 // 274
性别平等还有很长的路要走 // 275
女性的劣势 // 276

利用选择的力量掌控大趋势 // 277

序

追寻大趋势的脚步，感悟趋势之美

时寒冰

大趋势在哪里？如何找到它，并沿着它的指引前行？

对于很多人关心的这个问题，作为世界著名的未来学家、埃森哲评选的全球50位管理大师之一的约翰·奈斯比特，在连续几部著作中给出了他的预测。他撰写的《大趋势》一书，在全球的销量超过惊人的1 400万册。

约翰·奈斯比特的研究非常接地气。他使用自创的“内容分析法”做研究，而所谓的“内容分析法”，就是广泛收集各地报纸，每天对这些报纸的内容进行分类编排，建立索引和分析比较，从中判断出将来的一些发展趋势。这种分析方法，也是我做趋势研究时比较常用的方法之一，只是，我把它叫作“新闻解读”。

在这部与多丽丝·奈斯比特合著的《掌控大趋势：如何正确认识、掌控这个变化的世界》中，他对全球的趋势做了比较宏观的推导，其中，美国、中国、欧盟占据着更多的比例。无论从既有实力，还是从对世界的影响来看，这样的安排都是顺理成章的。当然，对于中国读者来说，这也是非常受欢迎的安排，毕竟，大家更喜欢阅读更多与中国相关的内容。

从历史上来看，中国曾经傲然屹立于全球GDP（国内生产总值）之巅，无出其右者，这是一段无比辉煌的历史，随后，逐渐衰落，昔日的辉煌被惨痛的记忆所取代。

相比中国曾经在数百年内保持的全球最大经济体地位，美国作为一个军事和经济大国的优势地位实际上是很短暂的。约翰·奈斯比特对特朗普治下的美国相对悲观。他认为，从全球范围来看，“至少在特朗普任职中期，中国都将是赢家。美国的所作所为就是对中国政治自信心的一种提振，中国治理模式也会因此在美国国内受到更多的追捧，还有中国在其友好国家中的地位也会随之更加稳固。当选总统特朗普宣称要退出把中国排斥在外的跨太平洋伙伴关系协定（简称TPP），还要停止跨大西洋贸易与投资伙伴协定（简称TTIP）的谈判进程，这些都给中国在全球贸易中发挥可信赖的引领作用创造了机会”。

无论是TPP，还是TTIP，都是把中国排挤出去的一种贸易网络，这种战略布局的用意，就是为了阻止中国的崛起，当中国难以找到更好的破局方案时，特朗普一手撕碎了这个战略布局。不得不说，这是特朗普先生送给中国的一份大礼。

这种局面让很多美国人难掩心中的淡淡的忧伤与失落感，以至在如此严肃的趋势研究书中，也出现了如下充满感情色彩的表述："丑陋不堪的2016年美国总统大选进一步破坏了美国的形象，这也使得美国模式更难成为其他国家加以效仿的国家治理模式。世界上最伟大的国家被30年前还是极度贫困、落后的国家推下神坛的日子好像也为时不远了。"

特朗普退出TPP及之后的退出巴黎气候协定等做法，相当于放弃了美国的领导权，放弃了对全球游戏规则的掌控，而一直以来，美国强大国力的形成与其作为游戏规则的制定者、把控者是密切相关的。

《掌控大趋势：如何正确认识、掌控这个变化的世界》也特别提到了科技进步对于大趋势的巨大影响力："数据可以影响并改善我们生活的各个方面。"书中同时指出，"算法已经让机器达到了模仿人类行为的程度。这不仅是科技进步的一个优势，而且还蕴藏着影响人类思想和公众观点的无限机会……很多国家正在使用机器人作为宣传机器以影响公众舆论。某些政府使用虚拟机器人压制反对的声音，政治家用虚拟机器人中伤他们的对手，而且使得这种中伤看起来非常可信"。甚至连Twitter（推特网）也承认，2 300万活跃用户实际上是虚拟机器人，大约占其用户基数的14%。虚拟机器人能够人为地提升政治候选人的支持率。

这其实就是事物发展的两面性。

如同趋势的发展一样，原本流畅的脉络也许会突然因为某个重要人物或事件的发生而改变。特朗普当选美国总统以前，没有谁会想到TPP会因美国的退出而陷入困局。这种不确定性正是趋势研究的重大挑战，当然，也是趋势研究的魅力所在。特朗普就任总统仅仅半年的表现，就已经让美国民众大失所望，使得特朗普成为自1945年以来上任前6个月支持率最低的美国总统。当越来越多的人认识到问题所在，这种问题就可能在下一次的选举中得到修正，美国强大的纠错机制永远是其走向强大的永恒力量。而后，大趋势重回原先的轨道。所以，大趋势一直都在，它的脚步所指引的方向一直都非常明确，尽管，在某个阶段它会偏离原有的轨道。

这就是趋势之美。站在当下，感悟未来，感悟趋势之美，何尝不是一种快乐呢？

中国面对着特朗普馈赠的机会，不应该沾沾自喜，而应该抓住宝贵的机会，修正自己发展中存在的种种问题，成为真正意义上的受益者。尽管这本书对中国有着诸多溢美之词，但它也冷静地指出："事实上，中国的劳动力成本不断上涨。这是由于中国把很大一部分的固定投资放在了房地产领域，推升了房地产价格。这反过来又推动了劳动力成本的上涨，降低了房地产的需求，最终导致产能的急剧扩张和过剩。与此同时，劳动者权利的提升也使得中国的投资效益不高。一些投资也正流向他处……"

这些顽疾对未来趋势的影响，跟美国选出一个年迈的商人总统以致美国作为全球领导者角色的暂时改变，孰重孰轻呢？谁更容易得以修正呢？冷静思考这些问题，或许更有助于我们理性而准确地研判、把握未来的大趋势。

作为一名趋势研究者，应邀为趋势研究前辈的著作写序，是一种莫大的荣幸。我还必须提到的是，这本书的译者给了我很多感动，他不仅仅是一位认真的翻译者，更是一位专业而严谨的研究者，他对作者在书中提及的数据、案例等，一一核对，对明显的错误之处进行校正，对不确定或有疑问之处与作者逐一进行沟通、修正。译者对细节近乎完美的追求，其精益求精的匠人精神，使得此书的中译本变得更为精彩。我相信，这种认真的态度也必然会得到读者的认可与欢迎。

（作者系知名经济趋势研究专家）

推荐序 1

奈斯比特：把脉趋势，定见未来

汤　敏

严格来说，我们这一代人就是跟着奈斯比特夫妇的“趋势”作品成长起来的。从20世纪80年代初把中国人点醒的《大趋势》，到1996年的《亚洲大趋势》，再到2010年的《中国大趋势》，及近期与这本书一同面世的《定见未来》，奈斯比特夫妇已经单独写作或合著了9部“趋势”作品。虽然不知道其他国家的情况，至少在中国人家中的书架上可能都会有一本或数本奈斯比特夫妇的“大趋势”系列著作，其影响之大，可见一斑。

那么，未来新趋势的核心是什么？奈斯比特夫妇提出了他们的观点：“未来几十年里，单一的大趋势将转变成系统的、整体的、全球性的变革，不管是在政治意义上、经济意义上、社会意义上还是规则或程序上。而且，所有这些变革的速度也将会加快。”

约翰·奈斯比特的《大趋势》面世之时，全球化趋势才刚刚开始。那时，美苏两国正忙着在全球称霸；英国还在急着与阿根廷打马岛战争；邓小平向撒切尔夫人展示了1997年中国收回香港的坚定决心；我们这些恢复高考后的第一届、第二届大学生正踌躇满志地跨出校门，投入改革开放的大潮之中。在科技领域，当时IBM（国际商用机器公司）的个人电脑刚刚问世，而乔布斯还在为他的苹果Ⅲ商用计算机在市场上遭到恶评而焦头烂额。今天，连幼儿园的孩子都在接触的互联网在那时才刚被严格定义，世界上绝大多数人还根本不知它是何物。

世界的发展变化可谓日新月异，今天，全球化的过程已经从以西方为中心跨越到多中心。90年代初，苏联的解体曾经被宣称是“历史的终结”，但之后的历史演变成了“全球大变局”。美国经过了90年代风光一时的独霸全球后，在2008年金融危机的冲击下，元气大伤。在书中，奈斯比特夫妇不无感慨地说，美国正在从最伟大到伟大的转变中。“这不是美国人民的发展潜力出了问题，而是源于美国政治体制束缚下美国政治人物的极端、无能和固执。”而在民粹主义思潮正在泛起的欧洲大陆，奈斯比特夫妇认为：“欧洲更有可能成为吸引富有的美国人和亚洲人前来参观的历史主题公园，而不是它自己展望的美好前景——世界上最有经济活力的地区。”

当然，我们中国人更感兴趣的是想知道奈斯比特夫妇是如何用他们的“第三只眼”看中国的。在过去几十年里，奈斯比特夫妇游遍了中国大地。一方面，是因为他们的“大趋势”系列著作在中国影响很大，他们经常受到各方的盛情邀请；另一方面，是因为他们想近距离观察这个对世界趋势变化有重大影响的国家正在经历的改革开放。有意思的是，奈斯比特夫妇并不只是到中国来参加几次研讨会，在大学做几场讲座就回去了，他们深入很多中国人都没有去过的地方，与各类的中国人交朋友，以此来把握中国社会变化的脉搏。他们那犀利的“第三只慧眼”确实看到了许多走马观花的外国人没有看到的东西，也看到了很多中国人习以为常且没有给予关注的现象。

奈斯比特夫妇眼中的中国是历史长河中的中国。英国经济学家安格斯·麦迪森的研究数据表明，在过去两千年的世界历史中，中国的经济总量一直位居世界前列。直到1930年，中国的经济总量还位居世界第二。之后中国在世界上的排名不断下降。改革开放后，中国GDP（国内生产总值）又不断赶超，到2010年重回世界第二的位置。各种预测都显示，再用不到20年的时间，中国的GDP很可能又重回世界第一。但从另一角度看，国“大”而不“强”，还是要挨打的。1840年，当我们还是“世界第一”时就被几艘英国炮舰轰开了大门。历史再次印证了中华民族的伟大复兴一定要从“大国”向“强国”转变，这是新时代赋予我们的最重要任务。

最近，美国《时代周刊》的封面第一次用了中英文两种语言“中国赢了”（China Won）为标题。内中一文《中国经济是如何做好赢得未来的准备的》，对美国现状爱之深，痛之切，跃然纸上。

这篇文章从国内安全、经济管控、就业提供、科技进步，以及对其他国家的吸引力等 5 个方面进行了美中对比，认为中国都“赢”了，美国屈居第二。历史是如此相似，美国人可能又一次在吓唬自己，激励自己。当 50 年代末苏联卫星率先上天，80 年代《日本第一》一书出版时，美国社会都响起了“我们落后了”的警报，逼着各行各业奋起直追，结果证明是虚惊一场。这次是不是“狼”又来了?

作为中国人，我们对国际上交替出现的对中国的“骂杀”和“捧杀”都要保持清醒的头脑，继续走我们自己的路。在这本书中，对美中双方都有很深了解的奈斯比特夫妇就警告说:“从以西方为中心到一个多中心世界的转变将不会是一帆风顺的，更不可能一夜之间就发生。在 21 世纪上半叶，我们将一直是这场巨变的见证者和参与者。正如任何巨变一样，这次转变也将是一个不断调整、不断适应外部条件的过程。欧洲一直以全球的道德权威而自居。美国把自己看作受到上帝眷顾的国家，而且它从 19 世纪 80 年代开始一直是世界上最大的经济体。它是绝不愿意退避一边，让中国和新兴经济体自由通行的。请一定不要低估这场巨变的能量。”特别是最后的这一句话，分量很重，寓意颇深，值得我们特别关注。

除了地缘政治的大变化外，人类正进入一个前所未有的科技高速发展的新阶段。在以大数据、人工智能和量子计算为代表的震撼世界的新科技日益发展的同时，人类的生产生活环境将发生史无前例的大变化。这一方面让人们对未来的美好生活充满希望，另一方面人们对未来的变化可能会带来的负面影响也战战兢兢、心存疑虑。牛津大学最近的一项研究显示，现有的大量工作在未来的20年内将会被机器人所替代。大量的信贷员、柜台服务员、法务助理、销售员会被机器人夺走饭碗，连电脑程序员、记者甚至医生这些岗位也岌岌可危。

越来越多这方面的坏消息接踵而来。在临床执业医师最近的综合笔试中，科大讯飞研发的“智医助理”机器人取得了456分的成绩，属于全国53万名考生中的中高级水平。科大讯飞“智医助理”机器人将致力于辅助医生进行临床诊疗。无独有偶，日前IBM的机器人沃森只用了十多秒钟就给天津市第三中心医院的一位胃癌晚期患者开出了诊疗方案。目前，美国的癌症5年存活率已经达到66%，而由于诊疗水平参差不齐，我国这一比率只有31%。肿瘤领域知识更新发展极快，2015年癌症领域新发表的文献为44万篇，勤奋的医生一年或许也只能看1 000篇，而沃森用几十秒就能看完，不但全记住，还能进行分析。沃森诊断的准确率已经比美国几个主流医院的顶尖医生高出很多。

目前，各个行业、各个年龄段的人们对新科技带来的变化都有着强烈的焦虑感。我们所掌握的知识技能不久会不会被淘汰？我们现在的工作岗位未来会不会消失？在过去的蒸汽机革命、电气革命以及迄今为止的计算机革命中，人们对就业岗位的悲观预测一次又一次地被新的工作机会所打破，人类一次又一次地战胜了机器。但是要注意，过去的机器代替的是人的手脚，而现在的人工智能却直指人类的最核心竞争力——大脑。按牛津大学尼克·波斯特洛姆教授的预测，超级智能将在包括科学创造、普通智慧和社会技能的每一个方面都要比最有智慧的人类头脑还要聪明。软件银行集团董事长孙正义更是悲观地预测，未来30年内人工智能的智商，将达到10 000，而现在人类的平均智商只有100。即使是像爱因斯坦这样的天才，智商也只有200。如果孙正义的预测真的实现了的话，哪怕再晚上几十年，我们的后代又如何与超级智能机器人竞争？

面对如此扑朔迷离的未来，无怪乎奈斯比特夫妇要在书中大声疾呼：“作为一个全球性社会，我们正站在当下与未来的一个十字路口。我们该如何准备？我们需要知道什么？对每个人、每个国家和我们这个世界而言，我们面前的最大可能性是什么？”

未来趋势到底如何变化？我们又应该如何掌控与应对？还是去看他们的书吧！

（作者系国务院参事）

推荐序 2

从察今到察明：中国学即未来学

王义桅

故审堂下之阴，而知日月之行，阴阳之变；见瓶水之冰，而知天下之寒，鱼鳖之藏也；尝一脟肉，而知一镬之味，一鼎之调。

——《吕氏春秋·察今》

在中国，托夫勒、奈斯比特是与未来学连在一起的。他们的著作，一下子把善于从丰富历史文化中汲取营养的中华民族的目光投向了人类未来。近年来，奈斯比特夫妇将目光转向中国，与中国人更接近了。《掌控大趋势》就是他们的最新力作，其中不仅论述中国的未来美好前景，且对“一带一路”倡议等都做出了预测，读起来十分亲切。

一

以小见大，见微知著，是中国人的素养；以大见大，见宏知趋，则是我们的短板。如今大数据时代，预测大趋势日益成为国人的习惯。美国国家情报委员会每4年发表的全球趋势预测报告，无疑给我们眼前一亮的感觉。奈斯比特夫妇的著作，则更接地气，更符合中国人的阅读品味。

未来已至，只是分布不均。智者知而愚者背。因此，人们常对诸葛亮、刘伯温知五百年前五百年后的神机妙算赞叹不已，对《推背图》的未来学如痴如醉。剔除其神秘色彩，探讨未来科学之演变趋势，美国未来学家的著作给我们以启示。我就是在阅读奈斯比特、托夫勒的著作中憧憬世界和中国未来的。

我从未来来，这是未来学家的视角。美国历史短出未来学家，中国历史长出历史学者，因此有《史记》2040年9月9日“五星出东方”的预言。不过，古代智者的预言勿宁说是一种信念。

仁者乐山，智者乐水。当今时代，仁智者乐海洋。我们的目光要投向深海、极地、太空、网络等全球公域，实现中华文明从内陆走向海洋、从农耕走向工业化及信息化，从区域走向全球的三大文明转型。奈斯比特夫妇的最新力作《掌控大趋势》，坚定了中华文明转型的自信与自觉。

二

以后天看明天，以昨天看明天，中国不只是历史，中国正成为未来代名词。从察今到察明，这就是未来学家奈斯比特夫妇近年将中国作为素材的缘故吧。中国不再是历史学家的研究对象，而越来越成为未来学家的关注国度。

21世纪是中国世纪，中国学即未来学。五千年悠久文明，第一次实现历史、现实与未来的统一，这就是人类命运共同体。作为推动人类命运共同体建设的伟大倡议——“一带一路”，正再造中国，再造世界。

奈斯比特是未来学代名词，但是当今世界陷入海德堡测不准原理困境，不再是线性进化逻辑所能描绘，亦非未来学家所能憧憬。大趋势的随机性在增加。我们对未来学家的著作也要批判阅读，不能迷信。为什么预测难？因为世界不确定性：当今世界，几十亿人在搞工业化、全球化，规模上超越历史；质量上人类步入天地一体、人机交互、万物互联的时代，结构上权力分散化、信息碎片化，也使得预测难。中国古人说，天下大势，合久必分，分久必合，当今世界的分与合交织，中国学与世界学相互促进，研究中国，就是研究世界；研究世界，也为研究中国。正如习近平主席指出的，世界好，中国才能好；中国好，世界才更好。[①]

在这种不确定性世界里，中国是最大的确定性力量。中国的“基因”经历数千年的沉淀，不会变。因此，中国的国家认同成本最低——汉字的贡献巨大，故此才能伟大复兴，符合道法自然的规律，其表现形式就是中国共产党的领导，这是当今中国政治最

① 参见《人民日报》2017年1月22日01版《与世界同行，助人类共赢》一文。——编者注

大优势。美国、欧盟人造组织，过去靠民主去建构合法性，如今民主陷入民粹主义、民族主义困扰，凸显文明底蕴的缺失，不能实事求是的尴尬。

三

世事无常。掌控大趋势，是每一个战略家的理想，然而大战略家是塑造趋势，使人趋之若鹜，而非简单造势，势尽权倾。虽天道无常，人心恒久。我们阅读奈斯比特等未来学家著作，当以“不谋全局者不足以谋一域，不谋万世不足以谋一时”的气魄，批判吸收。还是那句话，关键在人心之向背，得民心者得天下，这就是中国版的《掌控大趋势》。

（作者系中国人民大学欧盟“让·莫内讲席”教授，近著《一带一路：机遇与挑战》《世界是通的：一带一路的逻辑》分获“2015 年中国好书”“2016 年中国好书”，新著为《一带一路：中国崛起的天下担当》《再造中国：领导型国家的文明担当》）

引 言

把思想变成一本书

自从《大趋势》在 1982 年首次出版以来，我们被问到的最多的问题就是——“下一轮大趋势是什么？”

几乎每个人——包括我们，都想要一幅清晰的路线图来帮助我们描绘一个可预见的未来。凭借或多或少的信息，再加上我们的想象，我们能够大体描绘出一幅未来的画面。《大趋势》所带来的影响和其成功之处是帮助人们有条不紊地应对这个大多数人所熟知的世界，并且在这个过程中，通过对当前这个世界的观察和分析，勾勒出一幅未来世界的图景。那本书陪伴读者经历了美国在 20 世纪八九十年代的转型。

回过头去看一下 1982 年出版的《大趋势》，我们可以很容易看出它在帮助人们“轻松驾驭前进道路上的大趋势”方面所提供的真知灼见。在那本书中，我们阐述了从工业化社会到信息化社会的巨变，概述了意义重大、影响力巨大的10个大趋势，这些巨变和趋势一直影响着社会的变革，并且已经开始影响社会生产、劳动力市场、人与人之间的信息交流、娱乐产业和社会生活。人们所讲述的通过阅读《大趋势》而获益的故事大体是：那本书帮助他们认识到了正呈现在面前的10个大趋势，它让他们对这个世界的感知更加明晰，“《大趋势》帮助我把散乱的游戏拼图拼在了一起”。

1982年的《大趋势》：对所有人来说都是好消息

虽然《大趋势》是基于美国社会的发展状况撰写的，但世界上其他地方的人们（《大趋势》在57个国家出版过）也能获益良多。因为，单一的发展趋势正从西方世界向其他世界扩展。读者朋友们在其思想理念的指引下，通过不断反思，提升了自己的思维。正是在这种清晰思路的指引和帮助下，学生们、企业员工和公司管理者才得以完美地规划他们的职业生涯和商业战略。

虽然《大趋势》所描述的变革是根本性的，但它是已经存在的变化的自然延伸——虽然不是很明显。或者可以说，《大趋势》一书所阐述的基本上都是已经存在的事物，它并不是一个完整的再思考过程。在大多数情况下，这种变革都是很受欢迎的。而且更为重要的是，这种变革的驱动力总是来自美国。因此，这对美国人来说是很容易接受的，不过亚洲人也是持欢迎态度的，尤其是中国人，因为在那时，中国人学习和进步的目标与方向就是西方世界，而且主要是美国。即使在西欧——虽然他们从来没有一个谦卑的心态，但他们仍然坦然接受了美国的引领。因此，1982 年《大趋势》的出版对所有人来说都是好消息。

在《大趋势》出版后 30 多年里，它所描述的趋势变化越发明显，变成现实的速度也在加快。在过去的几十年时间里，作为合著者，我们一直详细地记叙《大趋势》所描绘的变化。《亚洲大趋势》(*Megatrends Asia*)一书描述了亚洲的经济崛起;《高科技，高感触》(*High Tech High Touch*)阐述了信息时代所带来的让人始料未及的结果;《中国大趋势》(*China's Megatrends*)所讨论的是中国的支柱问题，以及中国对西方正在建立并固守的世界领头羊地位所发起的挑战;《全球大变局》(*Global Game Change*)于 2015 年首次在中国出版，主要讨论的是地缘政治的变化。这些书中提到的很多变化在《大趋势》一书中都有相关预测，而且还做出了一些阐释。

新的大趋势正在到来

关于下一轮大趋势是什么的问题还悬而未决。趋势是不能强制出现的，大多数所谓的趋势都是转瞬即逝的时尚风潮。大趋势并不是每两年都会出现的。你所能做的事情就是睁大你的双眼——这就是我们要做的。慢慢地，随着我们不断游历和观察世界，一些事情看起来发生了变化。它开始的时候给人的感觉是难以察觉的，就像飘浮在空中一般。我们抓不住它，却能感觉到那就是一种深刻的变化。

我们开始的研究就是想要搞清楚究竟是什么真正发生了变化。后来我们感觉到了很多变化都是与15世纪的改革运动并行的。随着时间的推移，15世纪的宗教改革催生了现代社会、西方的崛起，也塑造了我们过去200年里一直固守的世界秩序。我们开始了一份创作草稿，选择《全球改革运动》(*Global Reformation*)作为暂定书名。当我们继续创作的时候，我们深刻地认识到，正像历史上的改革运动一样，我们这个时代也充满了机遇。因此，我们把暂定书名改为《伟大的开放》(*The Great Opening Up*)。我们继续我们的研究，然而当你深入研究一个课题时，有一天我们突然明白：它所描述的不仅仅是新的大趋势。我们正在见证的是全球规则的根本改变。这不是我们在1982年出版的《大趋势》一书所描述的那种变化——变化的路径是从美国向其他世界——而是平行的变化，几乎涉及各大洲的国家，发生在不同的领域、不同的方向，彼此相互催生，政治上、经济上和技术相互连接。正像在15世纪一样，我们所见证的这种变化将会带来一个新的世界秩序。

一个新的世界秩序

我们的第一种研究路径，就是对比15世纪的改革运动，它指引我们走上了正确的研究轨道。在15世纪，机械式活字印刷术的发明带来了沟通与交流的革命，也使得教育机会从精英阶层扩展到大众。城市在扩张，平民阶层的财富也在增长。更为重要的是天主教会的权威正在慢慢褪去。在我们这个时代，与印刷机同时并存的是互联网，它使得成千上万的人们在一起相互沟通、交流并相互影响。个人的发展和商业的运作不再仅仅依靠单打独斗，或者局限于特定的地理区域，而是依赖全球发展的各个板块的协调和整合。

开始于意大利的文艺复兴，在16世纪改革运动的强力推动下，天主教会的政治影响力和它对教育与科学的控制力消逝殆尽了。直到那时，人们所接受的教育还是地球是宇宙的中心，就像罗马教皇和罗马是宗教的中心一样。科学家开始站起来与数千年来的“智慧”相抗争——那种太阳围绕着地球旋转的信仰。虽然从地心说到日心说的演变并没有直接改变普通人的生活，但它带来广泛的影响，使得科学告别封闭状态走向了突破与爆发。关于我们自身的起源问题，在宗教思想统治了人类400多年之后，达尔文才开始质疑天主教的最后一片信仰领地。

与500年前社会发展对等的，是我们今天国家权力的至高无上，然而美国已经不再声称它是全世界的引领者。它对全球权威的自我认知已经不再无法挑战了，它在科学和技术领域的领先地位也受到了挑战。

中国，作为新兴经济体的驱动者和引领者，在全球经济体中的地位正在日趋稳固，这不仅体现在经济上，也体现在西方国家长期占有优势地位的科技进步上。总体上，西方民主的内生危机、经济萧条、政治分化都呈现出整体性、系统变化的特征。事实上，最终的书名《全球大变局》还是很恰当的，它于 2015 年在中国出版，之后版权输出到了 16 个国家。

《全球大变局》解决的是什么正在发生的问题，但它没有触及如何应对的问题。如何应对变化的复杂性成为我们关注的核心，所以最后才撰写了本书——《掌控大趋势：如何正确认识、掌控这个变化的世界》。

第一章

新的世界秩序正在形成：从单一大趋势到系统和整体的改变

在我们的前一本书《全球大变局》中，我们阐述了全球格局的新变化，同时也分析了参与者所扮演的角色，但在那本书里，我们没有完全抓住当前正在发生的全球变革的综合特征。根据我们的判断，未来几十年里，单一的大趋势将转变成系统的、整体的、全球性的变革，不管是在政治意义上、经济意义上、社会意义上还是规则或程序上。而且，所有这些变革的速度也将会加快。

抓住并描述大趋势的特征是一回事，真正理解引起全球经济领域和政治体系内系统性、整体性、颠覆性变革的推动力又是另一回事。当然，聚焦于如何掌控并利用这些大趋势也是另一回事。

在很多方面，在新技术的推动下，地缘政治格局、经济图景和我们赖以生存的这个世界正在发生变革，我们渐渐很难跟上变革的步伐，也难以适应变革所带来的巨大冲击。在 20 世纪 80 年代，当我们创作《大趋势》时，还不需要对全球经济和政治权力结构进行反思，因为那时西方世界一直保持优势地位，而且还在加强这种优势。而如果我们想要预测在未来的几十年里哪些变革将改变我们的生活，我们必须打开思维，在全球新的背景和规则下，从社会生活的各个方面来思考这些问题。

掌控今天的大趋势

正如我们所强调的，我们今天必须掌控的多数大趋势在 20 世纪都已经扎根了，在那时很多颠覆性技术已经开始萌芽。最具有颠覆性的两大技术——计算机和互联网，在 20 世纪 50 年代开始兴起，这两大技术推动社会从工业时代到信息时代转变。而且，这两大技术还将继续驱动今天的大趋势。还有两个极具跨越性的大趋势是数字化和全球化，这两个大趋势相互连接，它们也影响和放大了所有的其他趋势。

数字化

数字化（把信息转换成数字格式的过程）可以无缝对接计算机和互联网的使用功能，它能够实现文本、图片、图示、音频、视频等信息的转换、存储和电子传送。最开始，计算机和互联网创造了一个平台，以促进信息共享和交流的方式促使工业化时代向信息化时代转变。近年来，这个平台的角色又转换成一个社交平台，使得全世界的人们都能够实时交流和分享。现在，它又正在改变我们受教育的方式、工作的方式、生产的方式、交换的方式以及对商品和服务进行支付的方式，还包括我们娱乐的方式、投票的方式，甚至是我们驾驶汽车的方式（无人驾驶也可能会变成现实）。

数字化是大多数产业和政府机构的主要颠覆性驱动力。可以举一个例子，现在媒体公司都在为博得受众的眼球而绞尽脑汁。在过去，媒体消费者对电视频道、无线电台、新闻报纸、图书、杂志和其他形式媒体的选择范围相对很小。媒体类公司所面对的竞争不仅是行业内的竞争，也会面临非媒体类公司甚至是个人的竞争，这些非媒体类公司或个人能够通过数不胜数的互联网渠道近乎实时地制作、记录以及发布各种各类的媒体信息。现在，媒体类公司正在积极采用多渠道进行信息传播，当然也不排除有一些渠道并不能扭转局面。正如地平线传媒公司（Horizon Media）分析师布拉德·阿德盖特（Brad Adgate）所指出的，“在一个媒体喧嚣的时代，很多公司都在尝试多渠道传播模式。但要想成功并不容易，因为如果你忽视了你的核心业务，你就有可能一败涂地”。

然而，正如我在《高科技，高感触》一书中所言，技术是平衡人类对这个世界反应的重要因素，因此当我们观察技术驱动所带来的变革时，我们也能观察到人们对基本需求的关注度在不断增长。也就是说，技术的崛起会带来人们对自然、健康、娱乐、运动、音乐、艺术、精神和其他人类基本需求的关注。

不幸的是，这种平衡高科技与高感触的需求并不总是能引起人类的反应。例如，在美国，教育体系已经把关注的重点从人文学科（有些人认为没有多少商业价值）转移到了STEM（即科学、技术、工程和数学的英文首字母缩写）课程上。虽然关注STEM课程对培养高科技劳动力队伍相当重要，但教育系统犯下的最大错误之一就是削减了能够提升创造力的课程和课堂活动，比如艺术、音乐和体育。毕竟，虽然很多高科技公司是由工程师创立并经营的（其中一个最成功的例子是苹果公司，它是史蒂夫·乔布斯创造性思维的产物），但相对而言，中国的书法要比完美的算法更能启发人的灵感。

全球化

经济的全球化——在1982年的《大趋势》一书中所讨论的——还将持续下去，但由于受数字化的影响，其速度、互联性、互通性都会增强。另一方面，驱动力的方向也发生了变化。在20世纪80年代，经济洪流从西方世界涌向东方，其中从南方新兴经济体一直涌向北方的一股强大洪流正在获得力量，并改变着地缘政治格局。

毫无疑问，全球南环经济带经济权力的增长带来了政治影响力的崛起。了解新兴经济体的思维模式，不仅是了解从以西方为中心的世界转向多中心世界的关键，而且对于了解这些新兴经济体日益增长的消费能力在多大程度上有利于西方商业世界也至关重要。

了解中国——关于它的崛起我们在《亚洲大趋势》《中国大趋势》这两本书中进行过阐述，不仅有助于我们获得其长期战略规划的远见卓识，也助于我们充分利用其巨大的消费市场。

互联网的出现为我们开启了一个新的世界——这个世界才刚

刚开始。现在，又到了我们拥抱新技术之无限潜力的时候了。

聚焦大趋势

我们的经济现在越来越成为一个整体，城市之间、行业之间的关联性与综合性日益增强。从社会经济发展来看，全球日益增长的中产阶层的消费和需求对政治的影响将会越来越明显。老龄化人口与日益增长的涌入劳动力市场的青壮年劳动者的人口数量所带来的截然不同的挑战也越发明显。

在经济和技术领域，我们看到了世界正朝着全球一体化的方向发展。数字化正在放大公司的互联性，也在培育研发新产品和服务以及开拓新业务的商界精英。教育领域的数字化也将使得素质教育跨过地理疆界。

从地缘政治上看，我们正从以西方为中心的世界跨越到一个多中心的世界。我们正在见证全球南环经济带国家的崛起。在“一带一路”倡议的促动下，新的商业贸易路线也将会获得源源不断的动力。新的经济联盟也正在经济力量和政治地位的转移过程中施展魔力。

全球权力平衡的变化将会是遭遇最大抗拒的大趋势。而在其他大趋势中，不论是对技术进步的适应、不断增长的互联性和互通性所带来的影响，还是解决人口挑战问题、进行教育改革以及实施环境监测评估，它们对我们心理上的影响都不如全球权力的转移强烈。

竞争与合作：参与者们的游戏

过去 200 年，西方是世界主宰者。它是经济、文化和技术进步的驱动力。它也宣称是全球商业标准和政治规则的制定者。

西方所宣称的优越性的其中一大支柱是，民主和市场经济的结合是经济增长的必由之路。可以毫不夸张地说，这种西方模式在过去是一种成功的发展模式。西方生活方式、西方商业规则、西方服饰和饮食等西方文化席卷各大洲。请想象一下，当我们谈论西方时，它只占全世界人口的 17%，但就是这 17%的人口占据了世界 75%的财富。然而现在，这一切就将要终结。

从以西方为中心到一个多中心世界的转变将不会是一帆风顺的，更不可能一夜之间就发生。在 21 世纪的上半叶，我们将一直是这场巨变的见证者和参与者。正如任何巨变一样，这次转变也将是一个不断调整、不断适应外部条件的过程。欧洲一直以全球的道德权威而自居。美国把自己看作受到上帝眷顾的国家，而且它从 19 世纪 80 年代开始一直是世界上最大的经济体。它是绝不愿意退避一边，让中国和新兴经济体自由通行的。请一定不要低估这场巨变的能量。

自信还是和平崛起?

如果不分析中国的作用，那么探讨新的地缘政治格局就没有什么意义。中国是全球权力大变迁的主要角色，正像我们在《全球大变局》一书中所描述的那样。

当谈到权力均衡时，军事力量可能会首当其冲。在过去的几十年里，美国是全球的唯一超级大国。在过去30年里，聚焦的重点从俄美关系转移到中美竞争关系，它们都牵涉两个国家的地缘战略竞争。中国正在大规模推进中国人民解放军的现代化。而且，虽然中国还是以大规模生产而著称，但它现在已经开始聚焦于经济和军事领域的生产质量与生产水平。

2016年6月，我们被邀请参加在北京天安门广场举行的纪念“二战”胜利的大阅兵。虽然我们最终没有接受邀请去参加大阅兵，但我们感受到了大阅兵的热度。整个世界的媒体都报道了天安门广场上整齐划一、步伐精准的阅兵队伍，它不仅象征着中国日益增强的军事力量，也代表着无限忠诚的群众力量。在中国设计制造的卫星指引下，1.2万人的大阅兵队伍的实际位置和指定位置相比，误差不超过几厘米。

BBC（英国广播公司）新闻频道的评论员对此评论道：“创造和革新已不重要，整齐划一和服从才最重要。”“中国被‘二战’蹂躏时是历史上最衰弱的时期，”中国报纸《环球时报》在一篇评论中写道，“但70年之后，中国已经成长为令人瞩目的全球性大国。”

在竞争中共存

中国是东亚地缘战略和军事现代化的驱动力，它正在获得日益强大的地位，不断增长的全球经济实力和不断增强的军事力量使得它有能力在其三大海洋——东海、南海和黄海——施展地缘政治影响力。

中国宣称它一定会和平崛起。在中国的“一带一路”倡议下，中国与亚洲国家之间的经济联系将不断增长，从长期来看，这也将有力地支撑中国经济一体化和繁荣的发展战略。

尽管有不少关于中国经济硬着陆甚至垮掉的预测，但中国的“一带一路”倡议让这个国家越来越密集地置于全球的聚光灯下。凭借其世界大国的地位，中国的影响力正在日益增强。中国没有西方选举政治的束缚，所以它能执行长期的战略规划，也能在必要时进行政策转向。中国成功成为世界工厂，但也不可避免地成为西方国家制造业衰落的替罪羊。它们把错失数年的适应生产和工作环境的机会，以及错过开拓新的贸易路线和新市场的机遇都怪罪在了中国的头上。

现在，中国正在一党执政的体制下依靠政府的权威和领导解决它的问题，而西方国家正受制于党派纷争，其决策和行动都受到阻碍。

西方民主的危机：控制还是推波助澜

不论是美国还是欧洲国家，我们都能看到政治上的不满和分歧。右翼政治家和党派正在获得执政根基。民族主义和保护主义势力正在抬头，不满、不信任和分裂已经达到了令人瞠目结舌的程度。变革的任务极其艰巨。在过去的十几年时间里，美国一直在不懈地寻找一种新的发展模式，用于支撑其过去的增长速度。对美国来说，经济危机并不是始于2008年，而是在当时最显著。

今天的美国还缺少200多万个工作机会，很多人为了养家糊口需要从事不止一份工作。低迷的投资和萧条的生产正在破坏这个国家曾经强有力的恢复机能。

共和党和民主党之间难以平复的裂痕，以及两党领导阶层弥补这种裂痕时的挫败已经导致政府陷入一场僵局。国家已经接近瘫痪边缘，其有效应对严重挑战的能力正在急剧弱化：日益膨胀的国家债务、资金匮乏的社会安全体系、不断减少的低技能劳动者的就业机会、缺少规划的医疗保健系统、恐怖主义日益增长的威胁、贸易不平衡、不健全的公共教育体系、松散的移民制度、正在衰减的美国军事力量、党派之间的不信任……所有这些挑战他们必须都要解决。

2016年美国总统大选陷入两位总统候选人的对抗之中：一位令人难以置信，另外一位让人心生芥蒂。唐纳德·特朗普赢得了大选，但他没有任何政治纲领，只是抓住了那些反对政治制度、反对全球化、反对移民制度和自由化，以及感觉被抛弃、害怕失去的人的心理。

毫不奇怪，关于如何才能使美国变得更加强大，如何才能使经济增长以及复兴美国经济等问题，怒火和不满情绪超越了理性的争论。正如我们之前提到的，这不是美国人民的发展潜力出问题了，而是源于在美国政治体制束缚下美国政治人物的极端、无能和固执。

美国梦：覆灭还是重生

这不是突然就出现的。这些年来，我们已经清楚地了解到，西方的优势地位正在走向终结。这无关好坏，它是非西方国家经济崛起的必然结果，尤其是中国，以及搭乘中国顺风车的经济体，包括非洲和拉丁美洲的新兴经济体。考虑到中国的历史，这并不是令人吃惊的事情。真正让人吃惊的是美国政治的变化。我们暂且不去讨论支持还是反对这位新总统，也收起震惊或快慰之心，我们应该思考的不是这场竞选，而是这位当选的特朗普总统在任期内究竟该如何实现他的宏伟蓝图（抑或是未来他将如何一败涂地）。特朗普的竞选口号"让美国再次伟大"，是无法做到让美国再次强大的。而"一起更强大"[①]也不足以赢得大选胜利。现在的重点不是反对这个体系，而是如何去改造这个体系。接下来，要想打消国内选民和全球的质疑之声，就要看特朗普总统该怎么做了。

从全球范围来看，我们预计，至少在特朗普任职中期，中国都将是赢家。美国的所作所为就是对中国政治自信心的一种提振，中国治理模式也会因此在美国国内受到更多的追捧，还有中国在其友好国家中的地位也会随之更加稳固。当选总统特朗普宣称要退出把中国排斥在外的跨太平洋伙伴关系协定（简称TPP），还要停止跨大西洋贸易与投资伙伴协定（简称TTIP）的谈判进程，这

① 另一位总统候选人希拉里的竞选口号，另有译法为：团结就是力量。——译者注

些都给中国在全球贸易中发挥可信赖的引领作用创造了机会。谁能想到中国国家主席习近平会成为坚定拥护自由贸易和环境保护的领导人——就像2016年11月他在秘鲁亚太经济合作组织（APEC）领导人峰会上所表示的，整个世界却又因美国关闭自由贸易大门、否认气候变化的声明而担惊受怕呢？

最近的事态发展明显有利于中国的战略目标。在《中国大趋势》中，我们写道：从某种程度上说，中国的运转就像一家企业，它有着很强的目标指向。在中国，要想加入中国共产党，考察是很关键的，它在政治上的精英管理制度可以追溯到几千年前。至于美国，一位政治上的新人能否重建美国的企业还有待观察。

这虽然是个老话题，但我们目睹的是一场逐底竞争。面对这种局面，投机主义者可能会说，一旦达到最底部，你就有坚实的基础可以用力一搏了。

欧盟：如何应对28种思维模式

在海洋的另一边是欧盟，尽管欧盟的思想与理念堪称宏大、高远，但实际上，欧盟成员国中没有一位领导者愿意服务两个“主人”——既要服务于自己国家的利益，又要照顾到整个联盟的利益。

服务两个“主人”

在《定见未来》（*Mindset*）[①]一书的第十三章《欧洲：主题公园变形记》中我们写道（我们对美国的看法依然是乐观的）：

> 整个“欧洲的塑像”共有25种思维模式和两个心脏。25个国家的思维模式与其他无法融合的因素——传统、雄心、福利和经济领导权——混杂在一起。它的两个心脏也是以不同的节奏在跳动，一个是经济霸权，另一个是社会福利。骄傲和雄心都想争得自己的一席之地。无论要达到哪个目标，这两方面都必须相互妥协，但它们又都不愿意这样做。根据经验，我们相信欧洲更有可能成为吸引富有的美国人和亚洲人前来参观的历史主题公园，而不是它自己展望的美好前景——世界上最有经济活力的地区。

在我们写作之时，欧盟共有25个成员国。后来又增加了3个国家——保加利亚、罗马尼亚和克洛地亚，这使得欧盟的运转变得更加困难重重。

对“精英政治”的反抗

欧盟很多国家的公众都宣称反对所谓的“富人”，他们深受右翼政党和政治人物的鼓动，这些政治人物和政党有法国的

① 《定见未来》中文版由中信出版集团于2017年11月与本书同步出版。——编者注

玛丽·勒庞（Marie Le Pen）①、荷兰的基尔特·威尔德斯（Geert Wilders）②、德国新选择党（Alternative for Germany，简称AfD）③、意大利的贝佩·格里洛（Beppo Grillo）④、奥地利的海因茨–克里斯蒂安·斯特拉赫（Heinz-Christian Strache）⑤等，名单还会继续增加。

我们担心的是，西方的民主已经到了一个十字路口。对“精英政治”的反抗只是冰山一角。在民粹主义的口号、任意滋生的分歧、普遍的不信任倾轧之下，文化的冲突愈演愈烈，已经深入到身份认同感、社会归属感严重缺失，最重要的是希望已荡然无存的国家和社会的根基之中。摆在我们面前的只有两条路，其一是努力达成共识，以此解决共同面对的问题；其二是不畏艰难险阻，在民族主义者和机会主义者充斥的世界中摸索前行。

掌控危机？

利用机会的第一步是排除最近的障碍——不论是处理个人事

---

① 法国极右翼政党国民阵线创始人。——译者注

② 荷兰最具代表性的右翼人物，荷兰自由党领导人。由于极为激进的言论，他成功登顶荷兰政治圈的“第一网红”。——译者注

③ 也被称为“德国的选择”“德国新选项党”，是2013年成立的德国小党派。该党认为欧元为失败的货币，一些无竞争力的国家使用欧元而拖累有竞争力的经济体，因而阻碍欧洲融合。所以该党也被德国大众传媒称为“反欧元政党”。——译者注

④ 意大利喜剧明星，2009年，组建了意大利政党“五星运动”，主张反欧洲一体化、反紧缩、反移民。——译者注

⑤ 奥地利自由党政治家，2005年4月任自由党党主席。——译者注

务还是公众事务。让我们回过头来看一下中国和韩国，如果没有行动上的破釜沉舟，它们就不可能实现崛起。“实事求是”是扭转其政府治理体系的支柱之一。对西方民主困局的解决方案并不是重返专制的治理体系（就像匈牙利所发生的，以及在某种程度上土耳其所发生的事情）这么简单。

这里的解决方案是在多党体制下排除障碍、寻求共识——而不让与之相反的意见有生存的土壤。还需要为不同的政党投票，但在大选结束之后必须要整合各方分歧。这种机制从长期来看都是有效的，而且如果我们懂得责任和义务，它会一直有效。

辨清、掌控大趋势

解决当前的危机是需要时间的，当然世界发展的脚步不会停下来等待我们，却也无法阻止我们思考自己的观点并发现属于自己的机会。时不我待，要转变就要立即行动。尽管主流媒体都在传播厄运连连的负面消息，尽管你还深受由社会化媒体狂轰滥炸的“点赞”“转发”所带来的挫败情绪的感染，但你能做到而且应该做到的是，从负面的现实环境中逃离出来，摆脱固有思维的羁绊，重新思考并做出你的判断。

在这里，准确而完整的信息是关键。在搜集事实根据和信息的过程中，高质量的媒体是很重要的——即使花费不菲也值得获取。不过它只是我们所需要的整合信息中的一部分。在这个迫近转变的时间节点，我们将使用案例并提供工具帮助你调整思维以及做出自己的判断，也帮助你形成自己的思维模式，从现实角度来判断这个世纪的第一个 50 年。

旧的世界正在消逝，新的世界正在崛起

无论你拥有什么样的思维模式，你对这个世界都会产生一种观点——不论这种观点是正面的还是负面的。你甚至可以选择忽视它，或者把你的脑袋埋在沙子里。我们强烈鼓励你乐观看待这个世界，正如萧伯纳所言：

> 人类总是抱怨他成为现在的自己是因为所处的环境，但我不相信这是因为环境。改变世界的是这样一群人，他们寻找梦想中的乐园，当他们找不到时，他们就会亲手创造。

如果你看透了未来的现实图景，如果你能预见到新的变革和正在发展的力量核心，那么你就能提前规划自己的职业生涯，未雨绸缪地做好你的商业规划。我们的目的是让你更好地了解展现在你面前的这个大环境，帮助你排除掉影响你发挥最大潜能的障碍。《掌控大趋势：如何正确认识、掌控这个变化的世界》将会帮助你聚焦并利用未来的机会——不论是什么样的机会。变革正在路上，你不能阻止它，但你有能力选择融入其中或者游离于边缘之外。

第二章

摆脱思维惯性：如何做出判断并掌控你的情感

“变化的十字路口”是2016年10月在芝加哥举行的世界妇女大会的一次会议的主题。此次会议的声明和提出的问题已经表明，发生在我们身上的深刻变化已经触手可及，我们必须准备好应对变化的各种可能性：

> 在每一个即将到来的10年里，变化的速度都呈现指数级增长。作为一个全球性社会，我们正站在当下与未来的一个十字路口。我们该如何准备？我们需要知道什么？对于每个人、每个国家和我们这个世界而言，我们面前的最大可能性是什么？

毋庸置疑，即使拥有同样的知识水平，人们对未来所发生事情以及未来可能性的描绘都是大不一样的。

不要把一切建立在预想之上

我们常常拿拼图来比对未来世界的场景，这种比对有一个明显的缺陷：一张拼图总是有预先设定的图像，不论这张拼图由多少块模块组成，只有一种拼法才能拼成预先设定的图像。相对而言，当我们想象未来是什么样子的时候，通常我们的头脑里会有不同的模块、不同的拼法，也会拼成不同的图像。你可能会说，在我们头脑里有多少幅图像就决定有多少种结果。就我们的命运而言，只要我们能够选择、利用、改变并创造我们赖以生存的环境，那么乐观、坚定、坚韧的心态总要比悲观的情绪让我们走得更远，获得更多。法国小说家阿尔方斯 · 卡尔（Alphonse Karr）曾经写道："一些人抱怨玫瑰上的刺，令我感到欣慰的是刺上还有玫瑰。"

准备并时刻警醒

即使从世界范围来看，也很少出现以我们满意的方式达成的满意结果。因此，一个长期可行的人生规划是很难实现的，这其中有太多的干扰因素，一些意想不到的事情也会让我们改弦易张。既然对每个人来说都很难规划好一条笔直的且能轻松驾驭的人生道路，那么要想描绘全球发展的未来图景几乎是不可能的。不论是规划我们的人生道路，还是预判我们生存的环境，关键的问题都是要获得最可靠的信息。只有这样，当机会真正来临时，我们才能不失时机地抓住它、利用它。

当然，机会的出现不会像火车进站。机会甚至可以在一个让人极其沮丧的、最初看起来很不利的情况下出现。在大约 90 年前，作为获得个人非凡成就的作者之一，拿破仑·希尔（Napoleon Hill）描述了机会的几个不同特征。在其经典畅销书《思考致富》（*Think and Grow Rich*）中，希尔指出，机会经常超出你的预想，以一种不同的方式或者从一个不同的方向出现：

> 这就是机会的其中一个小把戏。它会悄悄躲藏在门后面，常常伪装成不幸或暂时的失败。可能这就是为什么很多人不能辨识机会的原因。

希尔这本书是写给那个时期的美国读者的，以此指导他们如何做好人生规划。虽然那时的美国人还在忍受着 1929 年的经济大崩溃及其后续影响，但他很确定地说："史无前例的重大机遇将会出现。"不过，他也警告说："那些害怕新思想的人们注定是抓不住机会的。"

重新调整不是扼杀希望，而是打开新的局面

对于新的思想和新的环境，如果我们不足够了解，也会是令人恐惧的。而且，正如我们在第一章所言，让人恐惧是主流媒体报道的一大利器。《现代启示录》是 2016 年《明镜周刊》（*Der Spiegel*）第 30 期里的一篇文章，它提出了一个问题：2016 年是不是 21 世纪最糟糕的一年。我们赞同这篇文章的作者马蒂厄·冯·罗尔（Mathieu von Rohr）的看法，他认为世界"暗流涌动"，但我们如

何看待这个世界取决于我们自己。

变化既可能成为蕴藏着机会的重新调整，也可以成为浇灭我们内心希望的潜在威胁。毫无疑问，我们正处在一个变动的时代，而且正在经历着全球规则的大转变。变化是好还是坏，取决于我们如何看待，如何未雨绸缪，还取决于我们如何抓住变化所带来的机会。下面让我们放松心情，回望一下过去，也让我们以现实的观点向你解释一下与大趋势相伴而生的机会和风险。

向过去学习

1989 年是我们中的大多数人都会回想起的充满变化的一年，随之又发生了苏联解体，冷战也结束了，全球权力均衡出现了转移。一方面，冷战的恐怖场景终结了，意识形态对立的苏联和西方之间的经济竞赛也终结了；另一方面，这也标志着西方国家短期引领世界的开始，美国开始登上全球权力的巅峰并称霸全球。这些事件发生的速度实在让我们瞠目结舌。

了解当时的历史背景以及相关的事态发展，尤其是出于种种原因美国和德国在其中的角色扮演，我们很容易看出，事件的发生并不是出乎意料的。实际上，除了政治上的战略和谋划，一些公司早已经预料到什么时候以及如何开发利用新开放的东方市场。在苏联解体、割离东西欧的“铁幕”落下还不到 10 年，仅小国奥地利出口到东方市场的商品就翻了两番。在 7 年里，它为这个国家的GDP 增长贡献了 3.3%，增加了 6 万个工作岗位。

相对于规模较小的开放的东欧市场，非洲、亚洲和拉丁美洲市场的开放，以及全球中产阶层的崛起正在形成更大的市场潜力。当然，我们对此也要保持审慎之心。在东欧市场开放之初，那些过高估计商业机会、误判商业风险以及忽视消费行为差异的人，都付出了惨重的代价。

当然，政治上的变局未必会动摇固有的市场格局。对任何行业来说，在任何时候，对市场的了解都是必要的。就新闻出版行业而言，很多从事新闻出版的公司都是小规模的便于管理的本土公司。很多年来，杂志和报纸行业的最主要收入来源都是广告收入。除了经济上的起伏之外，广告收入与读者的订阅量密切相关。最近一些年，这个行业失去了越来越多的读者，因为读者更青睐于从线上获得信息。在这种趋势背景下，纸媒广告几近枯竭，很多纸媒的发行量也急剧锐减。我们听到了很多抱怨和不满之声，那么纸媒行业拿出什么战略以应对这种可预见的变局了吗？几乎没有。即使互联网广告已成为全球广告营收的主要来源，但很多纸媒仍旧不以为然。这就可以解释为什么在 2016 年 8 月当 Facebook（脸谱网）和谷歌赚取了全世界（不包括中国）线上广告收入的 72% 时，纸媒行业那么震惊了。

摆脱思维惯性

任何商业，不论是本土的还是全球性的，都需要不断地提升其赖以运转的外部环境。要想停留在这个游戏规则之内，你一定要熟知这种正在变化的环境，并且能够主动去适应它。其中有一个群体适应得很慢，那就是学术界。现在，学术界和商业界之间仍旧存在着大量的脱节。例如，尽管信息学（信息科学）的毕业生在今天的经济社会中的重要性已经形成社会共识，但奥地利的技术大学却正在砍掉一半的信息学专业实习课。在这种传统不变的教育体系下，思维惯性抑制了变化的潮流，没有人做出更全面的思考。教育改革如果不聚焦于解决产业之需，那么这个国家的竞争力就会直线下降。

未来在很大程度上是受新技术驱动的区域和全球性事件的综合体。我们对外部环境了解得越多，我们从变化的图景中所得出的判断越准确，所获得的连接越精确，那么我们对自身道路的驾驭就会越轻松。从个人到社会、从城市到国家、从个人独资企业到跨国公司，这条规则几乎在所有层面都是适用的。一定程度上的不确定是真实存在的，但如何处理要取决于我们自己。

我们的邻居费尔南多·迪·费立波（Fernando Di Filippo）——纽约前律师、欧洲远程购物公司DMC的创始人兼CEO（首席执行官），把不确定性和障碍看作“汤里放的盐”，像他这样的人并不多见。

“唯一确定的是不确定”已经成为箴言妙语。机遇之门是打开还是关闭，取决于你是用积极还是怯弱的手段去应对。有一些人，他们倾向于找借口，认为变化近在咫尺，总是出其不意地让人毫无防备。你的确可以心安理得地以此作为借口去解释错过的机会，但正像下面这个例子所表述的，对于一位拥有开放思维的人来说，很多发展都是可以预见的。我们在前面提到过，机会来临时的信号并不像鸣笛的火车一样呼啸而来，但它们通常的强度足以让你为那些无法预料的机会做好实现的准备。

紧跟变化的环境

对当下事实的阐释和可能性的预测是1982年出版的《大趋势》的主线——这本书聚焦于美国的变化。它同样是1994年出版的《亚洲大趋势》的主线，此书主要描述了改变大多数亚洲国家的劳动者。而《定见未来》主要是指导人们如何运用思维模式去预判未来的场景。这本书描绘了未来的一个发展前景，其中有一个章节是描述欧盟的，其得出的结论基于的都是我们所目睹的一切，虽然那时欧洲的狂欢还一直那么激昂。

之前让人无法想象的英国“脱欧”只是冰山一角，虽然它在欧盟衰落的过程中抹上了浓墨重彩的一笔。尽管我们可以说，政治上的鼓吹者擅于使用虚假的承诺达成他们的目标，但欧盟自身为反欧盟力量的胜利铺就了光明大道，这一点是无可辩驳的。

客观性和心理情感

正如我们在前面所断定的，我们在政治、经济和技术领域将要经历系统性、整体性、颠覆性的变化，更为严重的是，我们却没有一个居于核心且得到普遍认可，又堪称正统的世界观。关于一种情势如何判断，我们并没有一个绝对准确的判断标准。当15世纪针对地心说和日心说的激烈争论开始时，即使最猛烈的辩护也无法撼动那个颠扑不破的事实——太阳而非地球才是我们所认识的宇宙的核心。

当谈到西方是否继续保持支配地位还是被一个多中心的世界代替时，我们都会从不同角度思考一个问题：你确信这一切会发生吗？它的发生是否有利？首先要考虑的是，我们该如何理解这种变化，然后是如何运用我们的技能和策略去应对这种变化。以西方为主导有好的一面，但现在西方已经失去了其内部稳定性。美国的根基在哪里？如何才能让这一根基牢不可破？欧盟的转折点在哪里？

获取个人自由是一项伟大的成就，但同样重要的是，个人自由有时会被误用。对美国民主党、共和党来说，举证另一方的错误已经成为它们的既定策略。在我们个人生活中，了解我们是谁、别人如何看待我们，这种自我意识是沟通与协调我们的内心与外部世界的必然通道。我们的名声，不论对一个人还是一个国家来说，都是由我们所处的环境决定的。

镜子，墙上的镜子……

当预想未来新世界是什么样子时，我们想到了格林兄弟[①]所编撰的《白雪公主和七个小矮人》故事里的一段话：

---

① 格林兄弟是雅各布 · 格林和威廉 · 格林兄弟两人的合称，他们是德国 19 世纪著名的历史学家、语言学家、民间故事和古老传说的搜集者。两人因经历相似、兴趣相近，合作研究语言学，搜集和整理民间童话与传说。他们共同整理了《格林童话》。——译者注

镜子，墙上的镜子，我们之中谁才是最美的？

今天的社会，任何事情都是可以评判的，但我们对这些事情的态度却受到内心情感的支配。奥巴马总统眼里的“美国全盛时代还没有到来”，很可能会一语中的，当然他所说的不是基于对过去的反思，而是以现在和未来都要努力奋进为前提。对全世界来说，奥巴马所构想的是好消息还是坏消息，取决于人们在心理情感上对美国的看法。这同样也适用于中国。那些希望中国起到平衡西方支配地位作用的新兴国家，非常愿意看到中国的崛起以及其在全球地位的日益提高，但也有人把中国的崛起看作对西方的成就、经济进步、自由言论和人权的威胁。从国内层面上看，中国梦可能是鼓舞人心的，但这也需要向中国民众阐述清楚中国梦到底是什么，只有这样他们才能在情感上形成共鸣，并最终贡献出中国梦得以实现的自下而上、无往而不胜的不竭动力。

如果欧盟能够重启思维、坚定信念，并逐步获得人们的信赖，它的发展目标同样前景可期。

非洲的人力资源优势丝毫不亚于其他大陆，它却无法发挥出来。人们不相信机会的存在，也不会去做任何尝试。他们的希望已经被面对权力和贪婪成性的统治者时的无助之感碾压得粉碎。

拉丁美洲，在迈向未来的道路上，是有能力摆脱羁绊的，但即使最为强大、火热的动能也会被政府的失职和腐败打入冰窖。有时，政治看起来是唯一一个即使失败了也能获得褒奖的职业。

技术、经济和社会

今天，我们很难熟知变化的图景，因为我们面对的不是经济、社会/政治和技术的某一个领域的大趋势，而面对的是撼动和重构地缘政治和经济基本层面的系统变化，这些变化在技术的促动下都是相伴相生、互联互通的。

但我们用不着担忧。潜藏的唯一危险是，我们还在固守昨天的思维模式，还在相信我们能够让时间停下来，能够继续按照我们习以为常的方式做事情。对美国来说，在新的世界秩序下，成功的目标将不再是达成不切实际的承诺，重振制造业和煤矿开采业。

这种思维模式是在提醒我们，我们是在用没有升级的导航系统为我们的汽车导航。我们一遍又一遍地听到导航仪告诉我们要右转或左转，但实际上我们看到的是死路或者说根本就无路可走。这让我们大为恼火，但我们却没有把车开到经销商那里对导航仪进行重新设置、升级。在这种情况下，我们没有任何理由抱怨导航仪把我们误导了。对车辆导航仪进行升级是我们的责任。用一个没有升级的GPS（全球定位系统）进行导航就类似于我们在用一个过时的全球图景为我们的人生导航。

一些发展现状会让我们焦躁不安仅仅是因为我们没有把它们放入当前的背景去思考，或者因为我们仍旧生活在昨天的背景里。回过头来看一下，我们就能轻松地理解全球状况是如何变化的，身处其中的人们是如何适应这种变化的，或者，甚至做得更好一点，我们能够预测这种变化是如何影响到他们的生存方式的。我们只需要思考一下就会明白这一切：第一次工业革命在多大程度上改变了商品的生产方式，改变了商业的运转模式，以及如何创造了一个新的运转中的世界。

作为第一次工业革命的驱动力，蒸汽机首次在工厂中使用是在18世纪末，它给经济和社会带来了深刻的影响。亨利·福特以一种卓越的方式掌控了这个大趋势，他在1913年就开始在组装线上生产汽车了，并由此开启了第二次工业革命。新的生产方式提升了生产率，同时也提高了工人的安全性。在20世纪70年代中期，微电子技术又带来了另一波工业劳动力的变革。它引入了计算机可编程控制器，以及另一种职业——也就是软件工程师，当然，所有这些都是以电能为前提的。

现在我们又面临着下一波数字工业革命，即工业4.0。工业4.0这一术语来源于德国经济、科学研究联盟（德国政府的咨询机构）的高科技战略报告，这份报告为了介绍第四次工业革命而使用了这一术语。波士顿咨询公司预计，若引入工业4.0或者物联网，在未来10年里，仅仅在德国就会创造40万个工作岗位。这与我们经常听到的数字化生产会失去数百万个工作岗位是自相矛盾的，但有一件事情我们可以确认，那就是工厂里非技术类工作岗位会大量流失。

为工业4.0做准备？

在2015年的一份研究报告中，麦肯锡公司调查了300位生产制造业的领导者，发现他们之中只有48%的人已经做好了迎接工业4.0的准备："仅有30%的技术供应商和16%的生产制造商制定了完备的工业4.0战略，而能够做到制定清晰的职责去贯彻实施的企业也仅占24%。"

生产商和供应商的未来将会大大受到企业主调整投资组合速度和力度的影响，同时也大大受到其能够以什么样的速度和力度应对数字化革命所带来的机会和挑战的影响。研究表明，就应对这种变局的基本状况而言，美国（占比50%）和德国（占比56%）要优于日本，让人吃惊的是，日本这一比率仅为16%。

中国的行动纲领《中国制造2025》描绘了其在2016—2020年升级和深化工业4.0的战略规划，在加快中国和德国的智能制造技术合作方面，其对于双方合作和竞争的表述还是很细致的。[①]

整个链条的联动

数字化生产制造方式的转变仅仅是一个片段。工作的未来将会受到教育体系以什么样的速度将这种变革纳入规划并最终启动教育改革的影响。

数字化技术影响的不仅仅是生产制造商及生产场所的未来，销售、市场和消费体系都会发生变化。请想一想音乐下载是如何改变音乐行业的，或者想一想互联网是如何让印刷版的大百科全

① 详见http://economists-pick-research.hktdc.com/business-news/article/Research-Articles/China-s-13th-Five-Year-Plan-Made-in-China-2025-and-Industrie-4-0-Cooperative-Opportunities/rp/en/1/1X000000/1X0A6AZ7.htm。

书成为历史的。这样的名单可以继续列下去。在第六章我们将会对此详细阐释。

技术不仅对我们如何做以及做什么有很大的影响，它也有很大的社会影响力。它将为新兴经济体提供经济发展的机会——直到现在有一些新兴经济体还没有共享到经济增长的成果。我们花费一年的时间在中国四川省成都市进行了社会经济发展的研究。在这里，新技术创造了很多工作机会，高科技园区如雨后春笋般冒了出来。在科技的帮助下，小学生很容易就能观看优秀教师录制的讲课视频，而这些优秀教师在当地的学校是没有的。没有阅读能力的农民可以通过观看视频提高农业生产率，妇女也可以在网上出售手工制品，不一而足。没有技术的发展和进步，全世界中产阶层的崛起将是不可能的。

而现在我们又将要开启新一轮的技术革命。区块链，一个稳定的、防篡改的分布式账本，有人说它能改变世界经济[①]。利用区块链，商业网络可以使用一个共享的账本来追踪交易和资产，能够促进彼此的信任和透明、削减成本，以及简化操作流程。

与此同时，技术正在改变经济的先决条件，进而改变社会结构，它已经成为一种强有力的政治工具。作为政府有效地应对反对者的声音或提升沟通效果的工具，对自下而上、自上而下的社会行为来说，技术都是一种覆盖范围广泛的强大工具。

在本书的后续章节中，我们将会详细阐述以下这些话题，包

---

① 详见http://www.mckinsey.com/industries/high-tech/our-insights/howblock-chains-could-change-the-world。

括生产和工作方式的整体变化、社会/经济大转折，以及自下而上、自上而下的政治行为方式的变化。虽然这些变化刚刚浮出水面，但早已暗流涌动。

全球社会的转型

我们都是习惯性物种，不论我们做什么，如何生存，以什么样的方式看待事物。这其中包括我们对全球社会的看法。当我们讨论全球社会时，在我们视线范围内的206个国家据说有193个是站在美国这一边的。实际上，这些国家对世界的看法并不是相同的。我们如何看待这个世界以及我们的国家，在很大程度上取决于相应的的国内环境和个人生存状况。除了个人生存状况、国内环境和相互关系之外，我们自己的国家在全球社会中的地位还受到政治环境和一定程度的意识形态的影响。

假如我们看一下几十年前的世界大局，我们就会看到世界被分割成不同的阵营。在不久之前，也就是直到20世纪80年代，东方的共产主义和西方的资本主义就属于世界意识形态的两大阵营。随着苏联的解体以及共产主义国家中逐渐增长的资本主义特点，工业化国家和新兴经济体之间出现了巨大的发展差距。虽然本书中我们一直在用新兴经济体这个概念，但事实上，这不是一个适时的概念，而且还经常引起误导。一些国家，包括中国，都兼具新兴经济体和工业化社会两方面的特征。卡塔尔虽然是世界上人均收入最高的国家之一，但它还是被称作新兴经济体。

机会导向还是问题驱动？

就像人一样，很多国家都拥有集体思维，有一些国家倾向于聚焦问题，而另一些国家则是以机会为导向。中国和美国是机会导向的典型例子，但它们表现得很不同。就对外直接投资来说，美国的投资基本是受市场驱动的，关注的是一个国家或地区能否提供良好的回报。中国的对外直接投资则是与政治战略考量和长期的规划密切相关的，市场的力量是第二位的。

在做决策的过程中，如果感觉有必要，中国的决策者会做出重大的战略转变（不会犹豫不决）。在20世纪70年代末期，当经济处于崩溃边缘，无法扭转灾难性的经济状况时，中国开启了一个重大转变——从战略性的集体的中央计划经济转向了市场经济。虽然当时中国的经济结构和奋斗目标都是以从中央到地方政府的思路制定的，但后来这种结构逐渐扩大，人们的市场行为也更加自由了。

美国却走了一条与众不同的路。它的机会导向思维模式植根于其作为一个移民国家的历史——人们抓住机会离开故土并成为新世界的一部分。这些善于创造的人们之中有很大一部分都相信，他们凭借个人的能力就能创造未来，也能创造国家的未来。正是这种思维的汇聚，经过无数创造性头脑以及怀有大无畏精神的人们的努力，才产生了最终所谓的美国梦。

机会与勤奋、战略相伴而生

在今天的国家中，最善于寻找机会的国家之一应该是以色列。在其 1948 年成立后的最初 42 个月里，就有 68.5 万名移民迁移到新的国土，大大超过其长久以来的人口数量。在建国的第一个 10 年里，以色列不得不着重应对这个最大的现代移民潮。它面临的挑战不仅是巨大的移民人口，更是这些移民饱受创伤的心理和贫乏的教育环境。当时，这个年轻的国家在各种问题和麻烦的重压之下几近崩溃。到 1951 年中期的时候，第二批移民几乎都居住在临时住房里，而失业率接近 15%，通货膨胀率更是上升到 30%。然而，一方面，这个国家不放过一切从与德国签订的赔偿条款中获得资金的机会；另一方面，它还通过向美国犹太社区出售债券、增加税收、削减国防开支以增加财力，其建设的重点领域主要集中在三个领域——住房、农业和工业建设，所有这些建设几乎耗尽了以色列人所有的力量。在这种努力下，1950—1959 年，以色列的 GDP 增长了 165%。

阅读以色列的早期历史就如同面对一连串需要解决但又不可克服的障碍一样。正像阿里 · 沙维特在他的书《我的应许之地：以色列的荣耀与悲情》（*My Promised Land: The Triumphs and Tragedy of Israel*）中所言，“这是一个融合了现代性、民族主义，以及激进与冒险精神的务实国家”，它常常会因让周围的人们猝不及防而付出惨重的代价。

瑞士，一个联邦制国家，却有着一个与众不同的历史。虽然从地理位置上看，瑞士位于欧洲的中部，但它拒绝成为欧盟的一部分，它抓住的是成为世界一部分的机会。由于缺少原材料，瑞士——这个直到 18 世纪声名远扬的还是母牛、绵羊、牛奶和爱蒙塔尔芝士[①]的国家，开始展现出活力。在 16—18 世纪，这个国家开始受益于新教派胡格诺派[②]的移民——这些移民的勤劳品性和道德伦理也在这里深深地扎下了根。

瑞士幸免于第二次世界大战的炮火，又在后来的欧洲重建中分得了一杯羹，但它没有选择欧盟之路，成功避开了萧条经济的拖累，超越了美国、德国等地成为最具创新性的国家。不过，欧盟还是瑞士最大的贸易伙伴。瑞士跨国公司，像雀巢公司、罗氏公司、诺华制药公司、艾波比集团、斯沃琪集团，以及大部分的奢侈手表品牌都是兼具知识含量和完美质量的代表。在世界经济论坛的竞争力报告和欧盟的创新能力排行榜中，瑞士位列第一。瑞士第一大城市苏黎世，在生活品质上也名列前茅。

排名要看排行榜？

评价需要一个基础，在一个喜欢评价任何事物的世界上，对所有事物进行评级都是很受欢迎的。当然，并不是所有的评级都能像标准普尔、惠誉国际和穆迪公司这类评级机构所做的评级一样，具有全球影响力。然而，一个国家在不同领域的评级，包括

① 又译作“埃文达”，闻名世界的瑞士奶酪，被称作奶酪之王。——译者注

② 又译雨格诺派、休京诺派，16—17 世纪法国新教徒形成的一个派别。——译者注

竞争力、商业环境友好程度、生活质量以及其他的很多评级不仅关注度很高，而且若把这些评级放在一起，一个整体状况就能清晰描绘出来。

不过，评级的渠道不同，评级也会大不相同。比如，在《福布斯》“最佳商业国家”排名榜上，丹麦就击败了新西兰和挪威。这三个国家的人口数量都很少（分别是560万、440万和520万）。排名榜上的第一个拥有超过1 000万人口的国家是加拿大，它排在第7位。韩国排在第33位，美国排在第22位，中国则排在第94位。很明显，一个国家的规模大小在这种个别领域的排名中是会发挥重要影响力的。

《美国新闻和世界报道》却有点不同。在它的“商业开放度”评级中，卢森堡排在第1位，瑞典和加拿大分列第2位、第3位。美国排在第23位，韩国排在第38位，而中国排在第42位。丹麦——《福布斯》排行榜的第1位，却排在第10位。在世界银行的“商业便利性”排名中，中国排在第83位，丹麦排第3位，美国排第7位，挪威排第8位，新西兰排第2位，韩国排第4位。

三种评级，三种结果。

自我感知与外部感知

每个国家对其在世界上的定位以及未来的发展方向都会有自己的观点。甚至，每个地区、每座城市对它们自身的定位都有不同的观点，当然民众和政治家们也是如此。

不论不同的评级指示的是什么，也不论一个国家的评级高低，每个国家都要通过自己的眼睛观察自身以及这个世界。同样，在全球社会中，当面对一个国家的角色、定位发生变化时也是如此。国家之间的关系不同，态度也会迥异。自然地，那些认为自己是变化的受益者的国家，就会更容易接受这种变化，甚至可能去主动拥抱这种变化。而那些处在优势地位的国家则会全力抵制这种变化，因为那会威胁到它们的领导地位——这一点让人毫不吃惊。

在所有的评价系统中，很少有人会保持中立，但你可以训练控制自己的思维——在评价中基于事实或者心理情感的成分有多少。一旦你达成这种认知，一旦你能够评判自己的评价，你就能控制自己的心理情感，进而对数据进行评估，以及更客观地进行观测与评价。

第三章

谁代表未来：理解主要角色的思维模式

美国、欧盟和中国是这个世界舞台上三个最主要的角色。它们的行为和相互影响在很大程度上取决于每个角色的历史、文化和政治，因为正是这几个因素塑造了它们展望未来和选择发展目标的思维模式。在这一章里，我们将探究每个主要角色在变化的环境下如何定位自己并抓住机会，以及如何面对挑战——在不断发展的全球经济中克服困难并提升成功的机率。

美国：踌躇满志的全球舵手

当观察美国的时候，我们发现它维持作为全球经济最大引擎的角色正变得愈加困难。在 1890 年，美国成功登顶世界最大经济体，现在它的位置依然无法撼动，虽然世界银行曾经声称中国从购买力平价上看将成为最大经济体。

在100多年前，美国代表就毫不掩饰对其国家的自豪之感。在1900年世界博览会上，美国领事费迪南·派克（Ferdinand Peck）夸口说，美国的贸易差额要比德国和法国加起来还要多。菲利普·布鲁姆（Philip Bloom）在他的书《躁动的大陆：欧洲1900—1914年》（*The Tumbling Continent*）中对派克的言论进行了引用：

> 美国的发展速度不仅超越了这个星球上的其他所有国家，而且在整个宇宙文明中，美国也堪称第一。

在"二战"之后，美国不仅巩固了它作为西方领导者的地位，还成为自由和进步的保护者。事实上，美国的马歇尔计划和1 290亿美元（以现值核算）的投资帮助创建、修复了被战争摧毁的工业，实现了工业现代化，重建了被炮火蹂躏的城市，也阻止了共产主义的扩散。可以说，从"二战"结束到世纪之交的几十年时间里，大多数的发明、创造、创新、运动和文化都是从美国传播到全世界的。在20世纪40年代末，美国就已经不断地向世界推广晶体管、超音速飞机、计算机，以及信用卡、电子游戏、纸尿裤、特百惠产品了。互联网和新经济，社交网络和大部分的创新型公司都是在美国创建的。

从高科技的领导者位置上跌落下来？

曾经在全球人权、经济和军事力量领域坐头把交椅的美国正在失去自己的根据地。此外，关于美国中产阶层的萎缩也有争议性的报道，我们将在后面的章节中讨论这一话题。从我们的经历来看，那种相信依靠勤奋和努力工作就能实现美国梦的想法正在消退。我们也从一些家庭和朋友那里得知，现在积累财富已经变得多么困难。而我们所说的恰恰就是接受过良好教育的美国白人，如果是非裔美国人或者是西班牙裔，情况会更糟糕。毫无疑问，很多人感到政治已经抛弃了他们，而转向了那些善于使用除了出现奇迹否则根本无法兑现的政治承诺取悦他人的政客。恐惧再一次发挥了很大作用。要不然，脆弱不堪的承诺和令人憎恶的口号如何能对那么多人洗脑？

尽管出现了这么多的问题，但就军事力量和防御措施而言，美国仍旧是世界上的超级强国。到现在为止，它的飞机数量超过任何一个国家，拥有最尖端的技术，配备世界上最大规模的核武库，以及训练有素的专业技术人员。而当涉及直接军事部署时，其局限性就突显出来了。对美国来说，最大的损失是，在 20 世纪大部分时间里其他国家对美国引以为豪的军事力量的顶礼膜拜也不复存在。

很多年以来，美国对新的更高目标的设定好像都是毫无限制的。而一个超级大国无法维持其基本现状，这在历史上并不是第一次。基础设施、公共交通、社会安全、学校和房地产领域的投资被撇在一边，拯救因过大而不能倒闭的银行变成了无底洞。2015 年 7 月 14 日，福布斯网站的迈克·柯林斯（Mike Collins）预计，政府所承诺的对银行的救助资金已经达到了 16.8 万亿美元，而其中 4.6 万亿美元已经划拨到账。[①]

正是 2008 年的金融危机，标志着中国对美国的看法发生了重大的转折。根据我们的判断，世界上其他国家对美国的信任感已经土崩瓦解。与此同时，中国官方的声音变得更坚定而自信。丑陋不堪的 2016 年美国总统大选进一步破坏了美国的形象，这也使得美国模式更难成为其他国家加以效仿的国家治理模式。世界上最伟大的国家被 30 年前还是极度贫困、落后的国家推下神坛的日子好像为时不远了。

美国：从最伟大到伟大

美国仍然是一个伟大的国家，但按照其他大部分国家的标准，它已经不是最伟大的国家了。其他国家，尤其是中国——把自己定位为正在追赶和进步的伟大国家，根本不会承认美国是最伟大的国家。毫无疑问，大多数的技术创新，包括互联网以及社交媒体的思想理念都是在美国被创造出来的。然而，美国已经失去了最具创新性国家的引领者头衔，在 2015 年它只排在第 5 位。而小国瑞士连续 5 年名列榜首，领先于英国、瑞典和荷兰。[②]美国的人均增长率最后一次超过 3% 是在 2004 年，当时这一年的 GDP 增长了 3.7%。2016 年 5 月皮尤研究中心的报告表明，从 2000 年到 2014 年，美国中产阶层几乎在所有的大城市都处于不利状况。当

① 详见 http://www.forbes.com/sites/mikecollins/2015/07/14/the-big-bank-bailout/%232ad2ffae3723。

② 详见 https://www.globalinnovationindex.org/gii-2015-report。

然，相对下降的生活状况并不是一成不变的，还是有转机的，但进行变革和摆脱政治僵局的第一步是要面对现实。

美国没有失去人才优势，失去的是政治优势

可以理解的是，美国官方并不认为自己失去了优势。在这里，我们所说的美国官方指的是两种声音。越来越极端化的民主党和共和党都在相互指责对方所犯的错误。如果两党的目标是攀登珠穆朗玛峰，现在他们所做的就是想证明对方的攀登策略是错误的，这样哪一方都不会成功。而这些很明显的例子在政治现实中好像令人难以置信。

奥巴马 2008 年的竞选口号“是的，我们能”和他 2012 年的竞选口号“赢得未来”，就像唐纳德·特朗普的竞选口号“让美国再次伟大”一样，为无数人点燃了希望与梦想之火。当然，没有什么声音会反对“让美国再次伟大”，但导致美国受排斥的根源是“美国至高无上”以及“美国例外论”这样的声明和论调。面对这样的声明和论调，怎么会有人相信美国会欢迎一个对保持它的政治和经济优势地位毫无助益的全球游戏规则的改变呢？

然而，全球的大转变并不在输赢之间，主要在于新的规则的设定以及我们该如何掌控这些规则。

当 2015 年 5 月 12 日费城一列载客列车发生脱轨时，你该怎样来判断美国国会所做出的决策？美国国会没有就是否对系统进行现代化改造而投票，相反却决定削减 2.52 亿美元对美国铁路公司的投资，继续让这些“铁家伙”垂死挣扎。在美国旅行，你随

时随地都会注意到破败的桥梁、高低不平的高速公路和普遍稀缺的公共交通设施。美国的基础设施曾经领先于大多数国家的基础设施，而现在已经远远落后于其中一些国家了，甚至是某些新兴国家。

美国让人最悲哀的纪录

美国所保持的最让人悲哀的纪录是，它是世界监禁率最高的国家。美国仅占世界人口的 5%，但其被监禁者却大约占到了世界的 25%。大部分的被监禁者都和罪名不大的毒品犯罪有关，比如藏有大麻。美国白人使用毒品的人数是非裔美国人的 5 倍，但非裔美国人因毒品犯罪被投入监狱的人数却是美国白人的 10 倍。

虽然打击毒品滥用是当今大多数国家都很关切的事情，但在美国，严厉的低限度处罚已经导致美国监狱爆满。从 1980 年到 2008 年，美国被监禁的人数从大约 50 万人飙升到了 230 万人。在这种情况下，建设私人监狱的决议已经获得越来越多的支持。[①]

大多数触碰法律的非裔美国人无法承担雇用律师的费用，因此，很多被指派的辩护律师都是超负荷工作。如果不改变相关法律，不改革司法体系，美国的悲哀纪录极有可能不断增长。

“让美国再次伟大”促使所有党派联合起来

美国梦是不可能很快就恢复的，它也不可能在当前的政府还

① 详见 http://www.naacp.org/criminal-justice-fact-sheet/。

处于僵局的背景下就复原。现在美国的两个党派都把对方看作对国家生存的威胁，而不是把对方看作相互竞争的两个利益团体，更不是把对方看作为了国家最佳利益而合作的团体。

《经济学人》杂志把共和党大会描述成“为被窃取的伟大国家所做的4天哀悼”，而民主党则开始“迫不及待地赞美他们的国家，因为他们终于可以着手解决美国的社会、种族和经济顽疾了”。

很长时期以来，美国几乎只身孤立于全球经济的动荡局面之外。美国经济的关注点和驱动力都是国内消费，这也是它得以繁荣的基础，所以大多数的普通美国人对国界线之外的世界毫无兴趣，但在大洋的另一边，世界的其他国家对美国的生活方式看起来还是非常向往的。曾经，还有国家幻想着拥抱西方式的民主，沿着美国走过的脚印前行。

实际上，在“二战”后，西欧经济上的崛起在很大程度上得益于美国的援助和帮助，但种子落在肥沃的土地上才能生根发芽。欧洲经历过文艺复兴、宗教改革、启蒙运动和法国大革命，德国虽然是这场灾难性战争的失败者，但它也是在魏玛共和国（1918—1933）的根基上建立的。

美国一直把传播西方民主作为目标，但在非洲显得“曲高和寡”。非洲的一些部落国家完全是被挤压进所处的国界线中的，而非他们自己的选择。在这里，民主的种子很难播种，因为民主是被强行施加在很难接受这种理念的文化上的。不可否认，世界上很多国家的大多数人们都希望拥有美国式的财富和安全感，但非洲国家固有的部落、宗教和文化思维模式是不可能在短时期内就改变的。按照我们的经验判断，民主需要培育，而不是强加。

毋庸置疑，不论是从正面角度还是从批判角度来评判，美国都是西方优势地位的守护者，甚至从某种程度上来讲，是西方抵抗极权主义蔓延的中流砥柱。现在华盛顿的优越性已经荡然无存，极权主义领导力量抵制不住诱惑正在跃跃欲试，试图卷土重来，这在美洲、在西方世界都有发生，以及在新兴经济体崛起的助推之下，全球南环经济带也名列其中。美国在开放的世界舞台上已失去了权力，就像我们在《全球大变局》所阐述的那样，一个多中心的全球秩序已经悄然登场。

不论“让美国再次伟大”的声音有多大，共鸣有多强，光明的未来是不可能依靠复制过去的模式而实现的。美国要想恢复在其他国家心目中榜样国家的地位，需要世界各国来评判。作为西方民主守护者和全球经济发动机，美国的影响力也将由它如何解决国内顽疾以及在新的全球背景下如何界定自己的作用来衡量。

欧盟：思想是伟大的，实施却是困难的

想象把两次世界大战中你死我活的战争对手联合在一起，这是幻想家才能想象出来的事情。让人毫不吃惊的是，迈向联合的第一步是为了实现一个经济目的：创建欧洲炼钢共同体。6 个创始成员国是比利时、法国、德国、意大利、卢森堡和荷兰。

冷战使得欧洲分为东欧和西欧。1956 年匈牙利谋求脱离苏联体制的改革运动被苏联压制了下去，这导致匈牙利大批的移民搬迁到欧洲西部。1957 年,《罗马条约》签订，欧洲经济共同体成立。这一条约于 1992 年经过修订，在马斯特里赫特正式签署，重新命名为《欧洲联盟条约》。

另一个联合的举措是贸易双方取消关税，到 1973 年，丹麦、爱尔兰和英国加入欧盟。1981 年，希腊成为欧盟的第 10 个成员国。西班牙和葡萄牙在摆脱了佛朗哥将军和萨拉查首相的统治之后也加入进来。

欧盟边界的自由贸易

1981 年欧盟签署了《单一欧洲法案》，使得跨边界自由贸易成为可能。1985 年，德国、法国等在卢森堡小镇申根签署《申根协定》之后，人们在没有护照的情况下也可以跨过边界自由行动了。英国从来没有加入申根区，保加利亚、克洛地亚、塞浦路斯、爱尔兰和罗马尼亚也没有加入，而非欧盟成员国的冰岛、列支敦士登、挪威和瑞士却加入了申根区。

欧元，现在作为 19 个成员国的流通货币，在 1999 年 1 月 1 日以非实物的形态被引入欧盟，随后在 2002 年 1 月 1 日，新票据和硬币也正式流通。我们还记得在 1 月 1 日这一天，大多数欧盟国家的人们都在度假，我们站在越南市区一台 ATM（自动取款机）前取出了我们的第一枚实实在在的欧元新硬币。

世界上最具竞争力和活力的知识经济体？

欧盟的建立不仅带来了和平和稳定，还打造成为世界上最具竞争力和活力的知识经济体。梦想正展翅高飞。虽然未曾直接表达，但欧盟清晰地把自己定位于美国的挑战者。在《定见未来》一书中，在标题“谁有权利来统治世界？”下我们写道：

> 人道主义——文艺复兴这个文化和历史新纪元中的精神核心，已经成为欧洲的一面旗帜。人道主义在哲学上的含义就是任何关注人类需求和兴趣的观点与生活方式。它在许多方面都被视为欧洲的遗产和理想。
>
> 很显然，欧洲是带着相当的优越感来看待一些人的，特别是法国人，把小布什总统领导的美国描绘成一个吐着帝国主义、新保守主义和激进主义火焰的三头怪物。自认为在精神上优越，并因此宣称自己对经济和军事霸权也负有道义责任的欧洲，与思想自由而且毫无疑问在事实上具有经济和军事霸权地位的美国之间的敌对是不可避免的。

回过头来看一下，我们之前对欧盟未来的描绘还是相当现实的：

> 当然，欧盟现在对废气排放、可再生能源、物种多样性和社会融合等问题都进行了广泛关注，但是在经济增长方面却没有什么作为，甚至在一些情况下还阻碍了它的发展。经济改革也根本没有实施。社会模式仍然深得人心，以至基本

没有一个政治家强烈反对它。的确，有人提出过福利应该减少，或者想办法使这一体系更加有效，但是这种模式本身没有受到丝毫质疑。

经济改革就是要提高生产能力。这是唯一标准。所有关于经济改革的讨论都应该由这一标准来进行评价。现在，欧洲在很大程度上是在敌视企业、企业家，而现在正是最需要它们的时候。

从 1996 年到 2006 年，欧洲人均GDP年增长率是 1.68%，而 1995 年的人均GDP年增长率都要高于这一数据，甚至在这一年的第二季度达到了 5%。在这 10 年中，最低的数据是 2009 年的第一季度，低至 –5.5%。[①]

用失败的思想摆脱经济萧条？中国却与众不同

令很多人吃惊的是，随着伯尼 · 桑德斯（Bernie Sanders）参与了美国总统竞选的初选，玛丽 · 勒庞参加了法国总统竞选，以及意大利前总理马泰奥 · 伦齐（Matteo Renzi）的崛起，社会主义思潮出现了复苏。玛丽 · 勒庞为 2017 年法国大选所做的经济规划被瑞士批判性的报纸《新苏黎世报》视为“极左的、反抗资本主义的、敌视市场的”。我们很喜欢奥地利记者克里斯汀 · 奥特纳（Christian Ortner）所说的：“玛丽 · 勒庞的规划就像是让民主德国源源不断地供应红葡萄酒。”

① 数据来源：欧盟统计局。

当然，我们也知道当我们说社会主义的时候，不同国家的人们有着不同的理解。社会主义的成功与失败关键看我们的关注点在哪里。社会主义思想在苏联、民主德国都遭遇到了失败，也使得瑞典几近破产。谁会对平等、公正和团结说不呢，就像politik.lexicon.at网站上对社会主义所描述的那样。这里的问题出在理论和实践的错位上。虽然人们对弱者常常怀有同情之心，但当面对经济萧条的现实状况和西方国家良好的社会福利时，人们看到的却是实实在在的结果。

因委内瑞拉取得的成就，诺贝尔经济学奖约瑟夫·斯蒂格利茨（Joseph Stiglitz）曾对21世纪的社会主义思想称赞有加。如果我们现在看一下委内瑞拉的现实状况，会发现这个国家虽然拥有世界级的石油储备，它的人们却生活在困顿之中。

如果我们把画面转向中国，就大不一样了。在过去的几十年时间里，整个世界看到的都是中国取得辉煌的经济成就的故事。虽然中国实行的也是社会主义制度，但它把这种制度界定为“中国特色的社会主义制度”。这种社会主义市场经济的基础是社会主义的发展状况要不断适应变化的环境。中国还有一个很大的优势，它的社会主义发展思想也能够充分考虑到各个省的实际发展环境。

和中国不同的是，欧盟国家过多关注于阻碍改革的本土政治和国内政党政治，这是欧盟国家当前面临的最大挑战之一。

欧盟的最大障碍是国家间的利益冲突

欧盟正处在一个十字路口。曾经还让人无法想象的英国“脱欧”、经济萧条、无休止的货币联盟危机、难民危机、德国和意大利银行危机的威胁，根本无法支撑一体化的呆板规则和条款，以及北方富裕成员国和南方贫穷成员国之间不断拉大的发展差距，所有这些因素都在撼动着欧盟的稳定。在欧盟货币联盟的背景之下，为了解决意大利的难题而改变相关的运行机制几乎是不可能的——虽然已经有人在谈论意大利有退出欧盟的危险。和2008年相比，意大利2015年的GDP下降了7%，失业率是12%。如果我们和德国对比一下（德国在2008—2015年GDP增长了6%，失业率是4.7%），就能明白这种担忧。只要脱离欧盟的恐惧感大于留在欧盟的疼痛感，意大利就会选择继续待在欧元区。就像马克斯·普朗克研究院（Max Plank Institute）的前院长沃尔夫冈·施特雷克（Wolfgang Streeck）所说：

> 如果没有恢复到国家能够行动自由的财力，或者说作为另一种选择，北方成员国不同意在有利于南方成员国的基础上对利益进行重新分配，那么地中海地区将会一直保持着救济院的本色，并且承受着这种分裂所带来的严重后果。到那时不论欧洲已经终结还是处于瘫痪状态，都激不起人们的任何兴趣了。①

欧洲的问题在某种程度上是它们自己制造的。回看一下2002年德国*Bilanz*杂志上的一篇文章就可以找到证据：

---

① 参见2013年10月13日《德国时代周报》。

> 不论欧盟最终的结局是不是成为欧洲合众国（这个结果并不为很多人所愿），也不论这些民族国家是否会对内下放权力、对外行使国家主权，这些都不具备经济意义。重要的是，一个共同的货币政策需要共同的经济政策和合适的地区性清算制度。第一个目标已经在最低限度上实现了，而后一个目标几乎不可能实现。

欧盟所设想的在欧洲中央银行制定的利率政策与《马斯特里赫特条约》严格的趋同标准之间实现无缝对接的计划也明显破产了。《马斯特里赫特条约》被丢弃一边，共同的利率政策使得欣欣向荣的经济体和羸弱不堪的经济体之间的差异愈加明显。

当准入标准被无端忽视，南部欧洲国家被肆意拉入欧盟时，情况变得更糟糕了。正如在美国一样，欧盟问题的根源在于缺少变革的力量以及政治领导人和政治党派的选举思维，还包括欧盟各个成员国不同的经济、社会和文化定位。这是一种严重的状况，但这种状况只停留在理论层面，根本没有现实的解决方案。

而随着让–克洛德·容克（Jean-Claude Junker）[①]在德国杂志《明镜周刊》上说的那一段自鸣得意的话被曝光之后，人们对欧盟的信任和信心又降到了一个新的低点：

> 我们决定，把它关在屋子里，等上一段时间看看会发生什么。如果没有尖叫声和激烈反抗，那是因为大多数人还不

① 1995年1月20日至2013年7月10日任卢森堡首相，2014年11月1日当选新一届欧盟委员会主席，任期5年。——译者注

知道究竟发生了什么事，我们会一步一步地持续推进——直到木已成舟。[①]

对这一切，人们已经习以为常，却无能为力。

欧洲移民危机

对错误政策和做法拒不承认的自尊自大心理以及受选举操控的思维模式，再加上很多政治领导人的自私自利行为——三大因素融合在一起总是周而复始地把必要的变革推给下一届政府。

欧洲的经济问题已经让当政者焦头烂额了，移民危机却又给他们增加了另一重挑战——害怕。害怕是民粹主义者释放他们诉求最站得住脚的理由之一：害怕工作机会被抢走、害怕恐怖袭击。在巴黎、布鲁塞尔和尼斯发生的令人恐惧的恐怖袭击已经证明了害怕并不是没有原因的。然而，通过对风险事件的认真分析，成为恐怖分子袭击对象的机会要比成为一次交通事故牺牲者的机会还要小得多。一边是北非和撒哈拉以南非洲不断增长的难民从不同的路线涌入欧洲，另一边是欧盟对此却一筹莫展，由此引起的

① 容克用这段文字用来形容欧元在欧盟的渐进式推广。这一段的英文原文是“We decide, put it into the room, wait some time to see what happens. If there is no big screaming and no rebellion, because most don’t even get what was decided, we continue step by step- until there is no point of return”。而据查证，容克的原文是“We decide on something, leave it lying around, and wait and see what happens. If no one kicks up a fuss, because most people don’t understand what has been decided, we continue step by step until there is no turning back”。读者朋友可以自行对比这段意味深长的文字。——译者注

恐惧感也在不断加剧。从2013年到2016年5月，移民的数量增长了40%。欧盟边界主管机构——欧洲国际边界管理署预测，跨欧洲的移民数量将会达到180万。和超过7.25亿的欧洲总人口相比，这些移民还不足欧洲总人口的0.3%。

然而，很多国家却感到非常害怕，尤其是德国和法国，传统上它们就是穆斯林人口的聚居地。土耳其移民在德国人数最多，而在法国的外籍穆斯林是其殖民时代遗留下来的。如果我们看一下居住在欧洲国家的穆斯林人数的百分比，法国和德国在数量上绝对遥遥领先，每个国家都超过了470万，但如果看一下所占比例，小国塞浦路斯则名列榜首，占总人口的25.3%，紧跟之后的是保加利亚，占13.7%。[①]

真正需要评估的是，这些移民是如何融合在一起的。激进的人生观、单纯的头脑，再加上散漫的生活习性，使得一群备受挫折的穆斯林移民义无反顾地投进了激进穆斯林难民群体张开的怀抱。

我们从一个侧面看一下正陷入一场“非正规战争”中的欧洲，或者我们尝试着从一个不同的角度去理解这个看上去麻烦重重的地区，或许我们能够找到解决问题的办法。欧洲正在迅速地老去。德国声称，62%的德国公司已经无法填补熟练性的技术工作岗位的空缺。中小规模的公司预计空缺接近36万个工作岗位。在这种情况下，虽然85%的公司愿意雇用难民，却又受到官僚体系和缺

① 参见http://www.pewresearch.org/fact-tank/2016/07/19/5-facts-about-themuslim-population-in-europe/。

少语言技能的束缚。[①] 正像我们在《全球大变局》一书中所言，这里的关键问题是两个大“E”，即教育和经济。教育是我们观察这个世界以及芸芸众生的视角之一。贫穷国家未受过正规教育的数百万人评判其人生际遇的方式和那些足够幸运拥有良好教育的人们相比是有很大不同的。接受过良好教育的人们最有可能发现全球化给他们所生活的国家带来的发展机会，而且他们很难受到激进主义团体和非法武装团体的蛊惑，因而很难被这些团体招募。

2016 年 9 月 14 日，让–克洛德·容克在欧盟委员会所做的联盟咨文演讲中声称，“从某种程度上看，欧洲正陷入一场生存危机”。欧洲议会议长马丁·舒尔茨（Martin Schulz）重复了容克警戒性的讲话：“我们的欧盟、各个成员国、欧洲民众不约而同地陷入了危机。”舒尔茨还呼吁英国，不要削弱欧盟。

欧洲理事会主席唐纳德·图斯克（Donald Tusk）在给 27 国政府的信中写道：

> 欧洲人民想要知道政治精英们是否能够全面恢复掌控让他们感到压抑、失控、有时甚至令人恐惧的整个局面和发展进程。今天的很多人民，不仅仅是英国的人民，都认为欧盟在某种程度上面临着稳定和安全的问题。[②]

而我们还要再加上一条，那就是经济增长。

---

① 参见 http://www.spiegel.de/wirtschaft/unternehmen/fachkraeftemangelmittelstand-befuerchtet-umsatzeinbussen-a-1073903.html。

② 参见 http://ec.europa.eu/priorities/state-union-2016_en。

中国：中央王国的复兴

在全球主要角色中，中国是最具有争议性的国家。而且，我们还要加上一点，中国还是让外人最不熟悉、最少了解的国家，但这一切都无法阻止人们去评判这个国家和它的领导人。

在美国和欧洲看来很熟悉的事情在中国都是神秘的，如对重要领导人的私人生活报道得不多。法律体系还在完善中。尽管如此，中国在它这种规模的国家中仍然是经济增长速度最快且史无前例的国家。

当然，我们听过、读过中国即将崩溃的传言。每当中国的工业生产或GDP增长出现下降时，都会被视作中国即将崩溃的信号。工资上涨、污染严重，还有贫富悬殊加剧也是推波助澜的因素。关于腐败和侵犯人权的报告充斥着西方报纸和杂志的很多页面。然而，中国的GDP仍在持续增长，它的基础设施建设超过了大多数西方国家的水平，政府也持续不断地得到更高的支持率。如果你看一下皮尤研究中心得出的其他国家对中国的全球平均接受度，49%是支持中国的，而32%是不赞成中国的。如果我们看一下评判——中国增长的经济在多大程度上影响了你自己的国家，就会发现整体的观点是不好的部分占27%，而好的部分占53%，虽然这其中的数据变化比较大。意大利的负面评价最高，达到75%，而肯尼亚的正面评价则遥遥领先于其他国家，达到了80%。[①]不过，不论这些观点是个人的还是国家的，它们基本上都

① 参见http://www.pewglobal.org/2014/07/14/chapter-2-chinas-image/。

是主观的、短期的。在这里，我们尽可能尝试着提出一个更加客观、全方位、长远的观点来评判中国。

中国不是一个单一的整体

首先，和美国、欧洲一样，中国不是一个单一的整体。最佳的对比视角可能是美国各具特色的50个州。中国被分成了23个省、5个自治区（其中包括西藏和内蒙古）、4个直辖市（包括北京、上海、天津和重庆）和两个特别行政区（香港和澳门）。自治区和特别行政区有着特别的政府地位，以及程度很高的自治权力。

谈到中国是如何在地理上或行政上被分开的，是很有趣的事情，但更重要的是要理解中国是如何思考的。中国的思维方式有很大不同。从中国的观点出发——我们这里指的是从大多数中国人的角度出发，真正重要的是，他们的政府一直维持着经济增长和经济自由。

中国与民主问题

西方国家错误地认为，大多数中国人都希望建立起西方式的民主制度。尽管中国人对美国人和欧洲人自由至上的价值观是不排斥的，但中国人眼里的自由对不同的人来说意义是不同的。中国人的思想受两个基本需求的深刻影响：社会秩序与和谐。社会秩序与和谐是儒家的核心思想，这种思想认为只有秩序才能让人们获得真正的自由。这有点像团体运动的规则，自由需要设定一定的条件，每个参与者都要在这样的条件下参与运动。同样，一个有秩序的社会要为自由行动的人们设定一定的背景条件。秩序，按照中国人的思考方式，并不是压制自由，而是限定了自由的运转空间。

美国人的自由则指的是，他们有权决定自己的生活方式，这种决定权是不受其他任何人随意干涉的。在个人权力构成社会主要支柱的西方世界里，大多数人都持有这种观点。从这种观点出发，又基于特定的社会和法律背景，西方社会所理解的个人选择自由也就形成了是非曲直的思维定式。实际上，很多西方人都相信，争辩和不一致才会带来创新、突破，才会激发新的思想，但这种冲突和不和谐与中国人的思维习惯格格不入，尤其是在事关政府治理这类大是大非的事情上。思维模式的不同是很难抹平的。虽然我们可以不承认，但必须接受这种不同是真实存在的。

国家的复兴和人们生活的改善

我们的中国朋友维吉（Vigi）曾经总结道："毛泽东解放了我们的国家，邓小平则改善了我们的生活。"我们如何理解这种评论？即使对我们来说，虽然我们在中国旅行了很多年，也同很多不同社会阶层和教育背景的中国人进行过交流，但真正理解这句话的含义也经历了很多年。毛泽东把中国从百年屈辱历史（始于19世纪中叶止于中华人民共和国建国）中解救了出来。中国收回了租界，但对普通中国人来说，接下来的30年中生活还不富裕。获得经济自由和改善人民生活水平由邓小平来完成，他的改革开放政策为中国开创了一个新的局面。

很多西方人不明白，为什么毛泽东的头像现在仍被悬挂于天安门城楼俯瞰天安门广场呢？因为广大民众认为，如果没有他，中国就不会成为一个主权国家。这就是为什么他的头像仍被高高悬挂的原因。从一个政党的政治立场出发，他对中国共产党的领导从来没有过任何怀疑。中国犯过战略和经济错误，但政党政治从来没有脱离常轨。

在中国这个集体观念浓厚的社会里，维持秩序和稳定具有压倒一切的重要性，这一点在西方人眼里是很难理解的。这是我们发现的中国和西方思维方式的另一个主要不同点。西方是所谓的普世社会，认为某些事实、真理或价值观都是不言自明的，是人类社会的基本组成部分。中国和其他文化信奉的是特殊性，在他们的信仰里，我认为对的东西只适用于我，你认为对的东西只适用于你。如果你来自一个集体性社会，那么，对集体忠诚是第一位的，然后才是个人，你会自然而然地认为，你的行为方式是最适合你的，而其他人是无权干涉的。也就是说，每一个特定的社会都可以决定什么才是基于他们自身需要的最佳行为方式。大多数信奉个人主义的国家都倾向于普世性的价值观，而大多数拥有集体观念的社会都会倾向于特殊性的价值观。

对中国的心理情感转折点

给某些群体或某些国家贴上一定的属性标签是不明智的做法，因为那只不过是一种心理情感而已。我们在美国和欧洲经历过这种心理情感的转变，在中国也经历过这种转变。正如我们之前所言，中国正在获得自信心，与此同时，它也在软实力竞赛中坚持不懈地赢得人们在心理和思想上的认同感。原因很简单：基于理性判断的心理感应是很难改变的。政治、商业和个人生活概莫如此。要想走进人们的思想世界，就需要打开他们的心扉。

我们不是中国政府的信使，但我们的确感受到了，有必要转换一下角度看看硬币的另一面。

当对敏感的问题发表看法的时候，使用比喻的方法可以更好地平抑人们不安的情绪，便于他们自己得出结论和判断。当我们面对西方读者时，经常很难化解他们对中国的偏见，因为理性的判断难以抹平心理情感上的障碍。

自信心：中国已成为世界大国

多年以来，当我们想要更好地了解中国时，我们总是能从一名中国高中学生勇敢的性格中吸取到很多有用的东西。这名 17 岁的男孩是我们在重庆的时候碰到的，当时我们被邀请在一所高中谈论中国的未来。会议礼堂里坐着大约 500 名学生，还有大约 4 500 名学生是通过视频直播在教室里观看的。当时的宣传海报上写的是，著名未来学家向你讲述你想知道的一切。在讲述的过程中，为了能够更好地了解我们最适合讲些什么，我们首先让他们告诉我们，对他们来说真正重要的事情是什么。

现场顿时安静了下来，直到坐在第三排的一个男孩轻轻地举起了手。当时我们并不确定，他是否要问问题。我们微笑着看着他，停顿了一下，他颤巍巍地说道：“我喜欢一个女孩，但她不喜欢我。”

是的，就是这个男孩，站起来，主动说出那段没有任何回应的爱慕之情。后来我们感觉到，这就像中国，它主动向西方世界表示爱意，却常常被拒绝。对我们来说，在这个男孩的故事中——就像我们讲的中国故事一样——关键的一点是，我们应该努力去理解。当我们很多次谈论中国的时候，这个男孩的故事都成为我们和听众沟通的情感桥梁。

虽然有时候我们还引用这个故事，但背景不同了。虽然中国仍然示爱，但中国对深闭固拒的西方世界的心理情感发生了变化。或者说，中国的自我感知和自信心发生了变化，对西方世界的看法也随之发生了变化。一个重大的转折点是2008年的全球金融危机。从另一个角度观察西方世界，西方世界体系的孱弱不堪显露无遗，但即使这样，变革的进程也面临着重重困难。而中国却能轻松驾驭这场危机，继续引领GDP的高速增长。而且用不了多久，中国就将冲上世界之巅。与此同时，中国已经从全球的边缘地带跨度到全球治理的核心角色。中国不再追求被爱，它想要获得被尊重的地位。

在这些发展进程的推动下，2016年的G20（二十国集团）峰会在杭州召开了，这是中国获得全球新地位的另一个重要标志。G20成员国占全世界人口的90%，占全世界GDP的75%。在这个集团里，虽然没有公开宣布中国承担的角色，但中国代表的是我们之前所称的全球南环经济带国家的利益——虽然全球南环经济带只包括8个国家（阿根廷、巴西、印度、印度尼西亚、韩国、墨西哥、沙特阿拉伯、南非和土耳其）。中国国家主席习近平发表的主旨演讲《中国发展新起点　全球增长新蓝图》证实了中国这种自我感知的变化。

这次G20峰会的主题是“构建创新、活力、联动、包容的世界经济”。正像习近平主席在演讲中所言，这必将是一个“中国走向世界、世界走向中国的进程”。

自上而下、自下而上的力量必须保持平衡

随着习近平主席大手笔施政，宏伟的蓝图徐徐展开，中国公共精神层面出现了焕然一新的变化。在中国国内，这些施政方针得到了大力支持，尤其是反腐举措。不过很多和决策进程相关的人会认为，这种“清理期”会导致发展停滞。有些人看不懂大趋势，对决策开始感到害怕，他们不确定该做什么，不该做什么。与此同时，新的一代已经进入劳动力市场。他们互联互通，也与世界连接在一起。他们对中国感到自豪，但和他们的父辈和祖父辈相比，他们的需求也更多。在中国共产党设定的目标和构建的体系指引下，中国一直在奋力前行，每个人也都在自由自主地实现着自己的奋斗目标。

在《中国大趋势》一书中，我们对中国的治理体系做了以下描述：

> 维持中国新社会稳定最重要、最微妙也最关键的支柱是

自上而下和自下而上的力量的平衡。这是中国稳定的关键，也是理解中国独特政治理念的关键。

中国的领导权掌握在共产党手中，但是中国共产党执政的理念和方式在过去30多年时间里已经发生了巨大变化，转变为吸纳民众自下而上参与的执政党。在这个纵向民主社会中，人民群众自下而上地进行参政议政，政府决策和执行的透明度也在逐步提高。

在过去的几年时间里，中国的治理框架看起来好像更紧密了。指引超过13亿的人口过渡到下一个发展阶段是一项极其艰巨的任务。在这种情况下，保持社会发展的钟摆不至于向一个方向偏离太多也是可以理解的，但从长期来看，钟摆最终会向其中一个方向摇摆。创造力是需要空间的。官僚体制和线形思维是无法带来创造和创新的，我们需要的是鼓励创新思想和创业家精神的社会环境。

硬币的另一面是掌控大趋势，要知道，任何公司和国家都承担不起推迟决策进程所带来的严重后果。中国高效的治理模式培育了中国的竞争优势，它所追求的是"要想领先别人一步，就要先追随别人的脚步"的思维模式。举一个中国最近取得的成就：把世界上第一台量子科学卫星发射进了太空。

习近平说得很明白，必须意识到把经济发展转变到正确轨道上来的紧迫性，经济结构调整的供给侧改革是一个关键的阶段，如果犹豫决策，半途而废，就会失去这难得的机遇。这同样适用于科技领域，也适用于整体经济的发展与进步。

中国：一颗冉冉升起的明星

中国共产党所面临的挑战不仅仅是经济改革和生态环境治理，还要恰当应对让民众承受巨大成功压力的竞争环境。越来越多的中学生和大学生都在承受着心理方面的焦虑。我们在中学和大学做访谈时都深刻地感受到，达成家庭、老师和社会的崇高目标和期望已经成为年轻学子们最关切的事情。另外，越来越多的人也在追求与反思人生的真正意义在哪里：当我连充足睡眠都没有的时候，我又该怎么追寻真正的自我？

中国的变革已经持续 30 多年了，现在这个进程还没有结束。虽然这其中面临着很多风险，但中国人能够而且终将能够应对这一切，因为他们拥有一个极其乐观的心态。

根据皮尤研究中心 2016 年的研究结果，虽然大部分国家都认为这是一个危机重重的世界，中国却能一枝独秀。中国人对自己的国家是信心满满的，他们普遍地认为，“中国是全球大家庭中一颗冉冉升起的明星”。中国人对中国融入全球经济的评价也是正面的，因为它为中国提供了新的市场和增长机遇。根据我们的经验判断，中国人对未来个人生活的判断也是积极向上的。

和美国人一样，大多数中国人都会优先关注国内问题，这一比例占到了 56%。只有 22% 的中国人支持中国去帮助其他国家解决问题，实际上，这样的观点和“77% 的中国人认为与 10 年前相比，他们的国家在世界上所发挥的作用更加重要”的观点是不相匹配的。他们是对的，但在全球社会重要性的提升意味着要承担起更大的责任和义务。

中国已经处在聚光灯之下，它的成就和目标、未来它将如何发挥在全球中的作用将会备受瞩目。2016 年，中国在全球地位中值得庆贺的里程碑事件是，人民币成为一篮子储备货币特别提款权①的其中一部分。中国媒体对此进行了大篇幅报道也是可以理解的，因为很有可能很多人都不知道特别提款权是什么——在国际货币基金组织之外没有多少人知道特别提款权也毫不让人吃惊。

毋庸置疑，对中国人来说，作为经济和金融大国，中国在世界舞台上的地位更加稳固了。

中国的军事工业

随着中国军事工业的战略性扩张，中国已经获得了全球影响力，成为能够撼动全球股市的重要力量——就像在 2015 年 6 月它

① 特别提款权，亦称"纸黄金"，最早发行于 1969 年，是国际货币基金组织根据会员国认缴的份额分配的，可用于偿还国际货币基金组织债务、弥补会员国政府之间国际收支逆差的一种账面资产。其价值目前由美元、欧元、人民币、日元和英镑组成的一篮子储备货币决定。会员国在发生国际收支逆差时，可用它向基金组织指定的其他会员国换取外汇，以此偿付国际收支逆差或偿还基金组织的贷款，还可与黄金、自由兑换货币一样充当国际储备。因为它是国际货币基金组织原有的普通提款权以外的一种补充，所以称为特别提款权。2015 年 11 月 30 日，国际货币基金组织正式宣布人民币于 2016 年 10 月 1 日加入特别提款权货币篮子。2016 年 10 月 1 日，特别提款权的价值是由美元、欧元、人民币、日元、英镑这 5 种货币所构成的一篮子货币的当期汇率确定，所占权重分别为 41.73%、30.93%、10.92%、8.33% 和 8.09%。——译者注

所做的那样。在常规武器出口的份额中，中国已经跃升到第三位（排在美国和俄罗斯之后），成为军事行业中有影响力的大国。从2011年到2015年，中国的武器出口增长了88%。它在全球武器出口中所占的市场份额差不多达到6%，成为全球第三大出口国。当然，同美国（占比为33%）和俄罗斯（占比为25%）相比，中国这个第三大国距离它们还很远，但它的发展势头很好。中国75%的武器出口是在亚洲，如果中国向土耳其出口导弹防御系统的合同签署完成，那么土耳其就有可能成为北约成员国中第一个向中国订购武器的国家。①

整个世界对中国的态度正在发生变化。不论是国际社会还是商业世界，都无法承担忽视或者误解中国所付出的代价。如果中国的政治体系能够让中国充分发挥出发展的潜能，那么中国的地位和重要性将会获得巨大的提升。与此相对应的是，作为全球社会中的一员，中国承担的责任和义务也会大幅提升。

中国在全球治理中的新作用

中国对全球治理的参与也是全球体系权力转移的一部分。中国战略地位的重要性在很大程度上源于中国在东西方中轴线上的核心位置——不论是从陆地范围看还是从海洋范围看。在国际制度的全球政策制定中，中国在经济、安全和法律领域的重要性正在日益增强。中国所创建的亚洲基础设施投资银行（Asian Infrastructure Investment Bank，简称“亚投行”）旨在推动中国成

① 参见2016年10月21日《德国时代周报》。

为全球治理的变革中心。

不可否认，中国日益增长的重要性在国际社会引起了担忧，当然也加大了人们对中国将如何向全球社会贡献的期待。人们对此的评判标准也将变成“做了什么”，而不是“说了什么”。这不仅体现在国内事务的处理上，在国际舞台上也是如此。

虽然中国社会的思维模式将不会发生大的变化，但人权在中国国内层面和全球层面上都将发挥出更大的作用。在人权和自由上，中国又该保持怎样的立场，才能使之与中国对全球治理的设想相匹配呢?

在中国国内，人们想要赚钱，政府需要给人们提供一个能提高他们生活水平的发展环境，并且GDP的增长必须要跟中国家庭的收入增长相匹配。

世界银行认为，中国正走在从一个中上等收入国家发展成为发达国家的路上。这从中国人的心态也能看出来。教育背景良好的中国中产阶层所发出的声音日益强劲。他们不再质疑社会发展体制，更关注如何在影响他们的领域中施展权力，比如有关法律规则的制定、环境保护以及更健全的社会安全网络。

不论有什么样的缺陷，中国人都不希望西方国家教导他们该怎么行动，该怎么改变。

第四章

后来者：新兴角色走上舞台

在拉丁美洲、亚洲和非洲的新兴国家旅行时，我们所经历的既有人们对当前经济和政治环境的愤愤不平，也有他们对未来的乐观期待。那是对变革和进步的渴望，全球南环经济带的新兴经济体是不会静坐等待的。全球的新兴经济体正在制定新的经济目标、创立新的联盟。当一些西方国家高枕无忧地沉迷于过去的辉煌时，新兴经济体正在全力以赴地开创一个美好的未来。新兴经济体要想改头换面、开创美好未来，必须清除横亘在经济增长结构面前的高高壁垒。在可持续增长的结构真正建立之前，必然会存在着上下颠簸，甚至令人恐惧的挫折。不过即使面临着大的波动，全球南环经济带的新兴经济体崛起的趋势是无法改变的。

全世界超过80%的人口都处在国家建设的进程之中，他们既在吸取西方国家的成功经验，也在吸取西方国家的失败教训。在《定见未来》一书中，我们提到，在中国，外围即是中心。中国当时的状况就是现在的世界状况。曾经被西方国家看作外围的亚洲、非洲和拉丁美洲的国家，都在变成多中心世界的新的经济中心。我们这一章的目的就是描绘我们在21世纪上半叶所看到的大转变图景。这幅大画面基于我们多年以来，甚至是几十年以来在个人游历的过程中从不同渠道获取的数据和信息。

哪些人属于全球中产阶层?

很多新兴经济体我们都统一称作全球南环经济带，这些经济体将会在全球经济中发挥越来越大的作用。当然，这些经济体的发展水平还存在着很大的差异，比如从既是一个发达经济体又是一个新兴经济体的中国，到远远落后的塞内加尔，甚至更糟糕的，像委内瑞拉，它很难符合新兴经济体的标准。我们没有把俄罗斯计算在内，因为它游离于边线之外：它从心理情感上向西方靠拢，但在发展战略上又与中国和全球南环经济带绑在一起；它在政治上关系重大，但在经济上却笨拙不堪。

虽然关于全球中产阶层崛起的报道已经很多了，但我们还是有必要再探讨一下中产阶层究竟代表了什么。这是一个主观性的思维判断，当然同时也有一个客观的可衡量标准。中产阶层对各大洲的各个国家来说，标准都是不同的。当对消费需求和商业机会进行判断时，我们必须要区分每个不同的中产阶层的不同消费水平和文化习惯。

界定中产阶层的不同标准

根据皮尤研究中心从2001年到2011年所做的研究报告①，全球有7亿人口摆脱了贫困，但仅是勉强脱贫。在2011年，有13%的世界人口稍稍高于美国设定的贫困线，他们每天赚取10—20美元的收入（每年按照365天计算），“相当于一个四口之家每年赚取14 600—29 200美元”。对比一下，美国在2011年为四口之家设定的贫困线是23 021美元。很显然，发达国家和新兴经济体的贫困线标准是有很大不同的，范围从每天10美元到每天190美元。

根据布鲁金斯学会的定义，美国中产阶层的起始标准是年收入41 000美元。美国卫生与公共服务部把一个年收入为23 850美元的四口之家定义为贫困家庭。瑞士的定义标准是，一对没有孩子的夫妻，其年收入达到约7万美元才能达到中产阶层的标准。一些详细的研究分析数据也显示，一些中产阶级消失了未必是因为他们重新陷入贫困，而是因为他们加入富裕家庭的行列。

新的市场，不同的购买力

如果我们转向非洲，图景又发生了变化。根据《经济学人》的一份研究报告，90%的非洲人每天还赚不到10美元。每天赚取10—20美元的中产阶层（每年按照365个工作日计算，每人每年赚取3 650—7 300美元）大约占6.2%。而每天赚取20—25美

① 参见http://www.pewglobal.org/2015/07/08/a-global-middle-class-is-more-promise-than-reality/。

元的被列为上层中产阶层，这一阶层仅占2.3%，但这些人在美国和欧洲是非常贫穷的。大型跨国公司，比如可口可乐和雀巢不得不承认，非洲中产阶层的增长速度非常缓慢，他们不像亚洲中产阶层有那么快的增长速度，亚洲中产阶层有条件在薪酬良好的工厂里工作——这些工厂让数百万人摆脱了贫困。东南亚国家联盟（简称东盟）国家界定的中产阶层标准是每天赚取10—100美元。根据这样的统计标准，在2012年差不多有2亿人口可以被划定为中产阶层。市场调研公司尼尔森预测，到2020年，这一数据会翻番，达到4亿人口。中国在20世纪90年代末几乎没有中产阶层，但现在其年收入在11 500—43 000美元的人口却达到2.25亿。

与此同时，绝大多数的新中产阶层都是在城市中出现的。快速的城市化和中产阶层的崛起是相互关联的。另一方面，非洲的消费水平被高估了，而亚洲的消费群体却在冉冉升起。

拉丁美洲的中产阶层从2001年占比16%上升到2011年占比27%。另外，拉丁美洲、非洲和亚洲的消费行为也存在很大的不同。我们在拉丁美洲看到的是，几乎所有国家的人们的日常消费活动都是清一色地在饭店消费，以及与朋友聚会、进行娱乐活动。巴西人的储蓄仅占其收入的10%，而中国人却占1/3。在中国几乎所有的地区，储蓄都很重要，而你越往中国南方走，你会发现其生活方式更随意自如。不过有一点，中国各地的财富都在迅速增长。

非洲：从国外援助到机会遍地

任何仔细研究非洲的人士都能观察到非洲正在苏醒。不幸的是，关于非洲的坏消息在全球媒体上接连不断——虽然我们很长时间没有听到北非的坏消息了。

本书里谈及的非洲，主要是指撒哈拉以南非洲。令人难过的是，我们很难期待北非国家有多么大的发展空间。它的人口被马格里布人①、柏柏尔人、科普特人、埃及人和富尔人，以及有着1 400年宗教冲突历史的占多数的逊尼派和占少数的什叶派从种族上深深地割裂开来。“阿拉伯之春”更多的是对经济失策、腐败和社会不平等的一种不满和宣泄，而不是对西方民主的呼吁与追求。这里既没有国家建设的辉煌历史，也没有共同的建国基础。各个派别之间的障碍和分歧越来越大，相互融合的可能性已经变得微乎其微。

解决之道

非洲研究专家、跨国律师、经济学家、作者，以及喜马拉雅和非洲共识经济模式创始人劳伦斯·布拉姆（Laurence Brahm，中文名为龙安志）认为：

> 恐怖主义并不仅仅是某些主流媒体所评论的是激进主义宗教信仰的结果。当人们无法排解贫困、种族边缘化（或者

① 马格里布位于非洲西北部，阿拉伯语意为“日落之地”。该词在古代原指阿特拉斯山脉至地中海海岸之间的地区，有时也包括穆斯林统治下的部分西班牙地区，后逐渐成为摩洛哥、阿尔及利亚和突尼斯三国的代称。——译者注

二者兼有）的处境时，往往会转向极端行为。宗教信仰通常会被悲剧性地看作这种极端主义出现的理由或者前提。极端不满及其催生的恐怖主义是对此类问题的连锁反应。这些问题与种族群体的异化结合在一起，要想解决必须从根源入手，通过经济赋权、教育、健康护理，以及返还原本属于他们的利益，认可他们每个人的身份、多元性和自尊。否则，分歧和争斗将会不断出现，不论你有多么精良的军事技术，也不论选民国家的社会再造理论有多么成功。

除了北非和撒哈拉以南非洲的不同发展进程之外，和亚洲一样，非洲也不是整体划一的。大的国家像阿尔及利亚（面积达到2 381 741平方公里），是美国得克萨斯州的3.5倍，也有像冈比亚这样的小国（面积仅10 120平方公里），领土面积还不到特拉华州的两倍。尼日利亚是非洲所有国家中GDP最高的（接近5 000亿美元），圣多美和普林西比的GDP是3.33亿美元，处在非洲国家的最底端。

非洲54个主权国家的多样面孔

当有人提到非洲时，好像它是一个国家，而不是一个大陆。然而，在非洲54个国家中，从那些充满冲突动荡、令人绝望、积贫积弱的国家到那些遍地都是自信满满的中产阶层的现代化国家，每个国家都有一张不同的面孔。

南非一直是最富有生机和前景的国家之一，它在2016年重返非洲最大经济体的位置。在过去的10年时间里，这个国家让超过350万的人口摆脱了极端贫困。虽然非洲的中产阶层增长速度要比亚洲缓慢得多，但这些中产阶层也成为非洲发展的驱动力，而非洲的3.1亿消费阶层已经在这个贫穷、懒散、令人绝望的古老大陆上冉冉升起了。然而，尽管非洲的GDP增长很快，但它的失业率、贫困程度和不平等现象仍然是世界上最高的。另外，非洲的经济发展前景也不是很乐观。

尼日利亚已经回落成为非洲第二大经济体，和前一个季度相比，在2016年第一季度，其GDP增长直线下滑，达到了–13.70%，面临衰退的可能性非常大（据尼日利亚中央银行统计）。这一令人失望的衰退发生在2004年GDP跳跃式增长33%之后，但在2007年还出现了7%的强劲增长。富有活力的年轻小企业主和尼日利亚伊斯兰军事组织博科圣地显示了两种截然不同的观念——一边是恐怖行为，另一边是企业家精神和满满的激情。

实现可持续发展

尽管非洲存在着这些问题，但根据2016年8月提出的GSMA（全球移动通信系统联盟）生态系统加速器创新基金计划（该基金的使命是通过运营商和创新者之间的合作在新兴市场扩大创新和可持续的移动服务），非洲技术中心的数量已经增长了两倍多——从2015年的117家扩张到2016年8月的314家，但超过一半的技术中心只坐落于5个国家——埃及、肯尼亚、尼日利亚、摩洛哥、南非，其中有54家技术中心名列前茅。

美国投资者和风险投资家在非洲大陆正在不断增加对初创企业的投资。IBM（国际商用机器公司）在拉各斯（尼日利亚首都）和卡萨布兰卡创立了创新中心。一些大公司，包括谷歌和微软，在得出“是时候投资非洲”的评估结果之后，投资7 500万美元创建了4个非洲项目。除了2015年11月投资1 200万美元的太阳能项目之外，谷歌宣布了投资图尔卡纳湖风力发电项目的计划，这个项目是在肯尼亚投资建立的非洲最大的风力发电项目。带宽成本的下降有利于支撑这些投资项目，而数字化转型也在非洲国家不断提升。IBM研究员兼科学和技术副总裁索罗蒙·阿塞法（Solomon Assefa）看到了非洲的这种转型：

> 带宽增加了，也更稳定了，经济亦出现了强劲增长，伴随而来的是基础设施的建设以及大量外国投资的引进。

非洲最大的问题之一是缺少基础设施、缺少公路，能够带来电子商务繁荣的银行系统也不健全。投资线上产品和服务并不是一件容易的事，通信系统在非洲发展得很慢，陆上线路铺设也颇耗费时日。随着PayPal（在中国大陆的品牌为贝宝）的引入，尼日利亚成为第三大移动电子商务市场，其交易额在2015年超过6.1亿美元，而PayPal当时预计在2016年其交易额将达到8.19亿美元。虽然这些数字大部分是国际交易，但对目标客户是新中产阶层的本地中小企业来说，电子商务也蕴含着大量的机会。肯尼亚的M-Pesa是为数极少的做得比较成功的移动金融服务项目之一，和传统银行相比，它采用了一个低成本、易操作的运营模式。

这样的发展机会是成熟的，因为撒哈拉以南非洲有 2/3 的成年人都在使用手机。

2016 年 2 月，在摩纳哥召开的三星非洲论坛上，三星电子提出了“创新改变人们生活”的发展理念。三星电子非洲公司宣布将大力支持在非洲的企业公民计划，以此帮助非洲大陆实现可持续发展的目标。三星电子承诺将使用数字技术在非洲国家创新学习进程。由太阳能供电的网络学校、智慧学校、在线学校都能够通过转变教学环节提升学习效果。它还有助于减少辍学的学生，帮助毕业生成功进入劳动力市场。

普通非洲人面临的机会

新的思想不仅能改变消费习惯，也能为普通非洲人打开发展的机会，这其中并不需要较大规模的投资。

Airbnb（爱彼迎）不仅改变了旅行者的习惯，它也给愿意把自己的住房出租出去的人们带来了收入。仅仅在南非，2015 年就有超过 13 万名旅客在 Airbnb 网站登记了住处。开普敦名列榜首，有 10 万名旅客登记，跟在后面的是约翰内斯堡，有 2 000 名旅客登记，每一年为这些房主平均创造了 2 260 美元的收入。优步的非洲通信助理萨曼沙·艾伦伯格（Samantha Allenbcrg）这样来描述其社会影响力：“我们在非洲创造了数千个工作机会，相信我们在未来还会创造更多的工作机会。”优步在 8 座非洲城市创建了基地，它相信伴随着非洲中产阶层的崛起，优步未来还会有更大的增长潜力。

和非洲国家相匹配的投资

非洲人并不仅仅是被动等待跨国公司的援助，非洲本地的企业家也在开发为非洲量身定做的数字化产品。其中的例子包括卢旺达对旅游业和咖啡工厂的支持、肯尼亚的IT（信息技术）专家开发的移动手机应用程序、埃塞俄比亚的花卉出口。博茨瓦纳正致力于打造钻石产业的增值链，在将来，它不仅出口钻石原材料，还会进行钻石深加工。

非洲绝大多数中产消费群体都是数字化一族。弗若斯特沙利文咨询公司预测到2020年，非洲的互联网渗透率将达到75%。要知道，非洲的手机用户已经达到6.5亿。对于在线时间不断增长并且在信息社会中不断受益的非洲年轻人来说，打造属于他们自己的商业世界的机会窗口已经敞开了。继而，公民社会的创建和社会的转型也会获得加速发展的动力。

《纽约时报》在头条文章《自由不断扩展，艺术人才在非洲遍地开花》中对这种积极影响进行了评论，“随着民主前景的日益明朗，独裁体制的日渐式微以及互联网的大爆发”，非洲艺术人才正在不断茁壮成长。新的项目和产品正一步步地创造出绚丽多姿的艺术景象：以“诺莱坞”[①]著称的尼日利亚电影产业、肯尼亚的东非大裂谷音乐节，以及类似《*Kwani?*》的文学期刊——《*Kwani?*》是由肯尼亚一些最富有激情的新锐作者创建的旗舰出版物。

---

① 诺莱坞，该词发源于尼日利亚，因此以其英文首字母冠名为“Nollywood”，类似于美国的好莱坞和印度的宝莱坞。——译者注

随着非洲越来越自给自足，其艺术正在逐渐摆脱欧美风格的影响。在2013年1月，吉南尼·布朗奈尔（Ginanne Brownell）在《纽约时报》中写道：

> 在非洲，即便在艺术领域，长久以来要想获得资金支持和认可，也必须通过西方世界。随着非洲政治和经济领域的版图正在不断发生变化，以及西方世界金融危机的旷日持久，越来越多的艺术人才、策展人和非营利组织网络被建立起来，他们也一直在探寻如何让非洲艺术世界摆脱欧美轴心的影响。

非洲将一直是发展最快的地区之一

世界银行最新一期的《非洲脉搏》（*Africa's Pulse*）提供了分析非洲大陆经济发展趋势和数据的最新数据。该报告对2014年非洲整体情况的分析是：基于对基础设施的大规模投资，撒哈拉以南非洲在农业生产、服务业扩张、电力供应和交通等方面都正在强劲复苏。非洲经济增长从2014年4.6%的年增长率增长到了2015—2016年的5.2%，而且非洲将一直保持世界上发展最快的地区之一的地位。

非洲大陆未来前景是否光明远大还是一个值得公开讨论的话题。我们的判断，和投资者的判断一样，都是基于对非洲实际看得见的发展潜力的衡量和评估。在一份研究和分析撒哈拉以南非洲44个国家的报告中，比尔和梅琳达·盖茨基金会预测了数字化给非洲国家发展所带来的潜力。基于肯尼亚的数字化比率，非举债经营所带来的可能性增长范围从南非的28%到埃塞俄比亚的155%不等。很大一部分的移动提供商市场还没有被开发出来，但要想深入了解还需要更多可靠的数据。

“机会数不胜数”这种说法基于非洲年轻人口众多的思维，而且这些年轻人还没有背负殖民时期受害者心态的沉重包袱。一些非洲国家羸弱的治理措施浇灭了很多年轻创业者的创业热情。支撑非洲增长的支柱之一——正如我们在前文所言——是中国，这个非洲最大的贸易伙伴。中国的百年基础设施项目——新海上丝绸之路，给非洲国家和产业更好地融入全球贸易市场提供了巨大的发展机会。

总的来说，我们的预测将不会像尼日利亚前总统奥卢塞贡·奥巴桑乔（Olusegun Obansanjo）所预测的那么远——他曾经预测21世纪将是非洲的世纪。我们的预测也不会像罗兰贝格咨询公司所言“机会数不胜数”，但我们是乐观的。非洲需要的是企业家精神、勇气、创新的思想，以及努力付出而得到的收获。

欧洲的非洲政治？

2015年11月12日，欧盟和24个非洲国家自豪地宣布了瓦莱塔行动计划（Valetta Action Plan）。这个行动计划明确界定了双方的利益和需求，按照德国外交部的说法，这即使算不上一种合作模式的变化，也标志着一种转折。欧盟创建了一个信托基金，其中18亿欧元由欧盟成员国提供。每个成员国可以自愿提供额外的资金，但根据最新的数据，到2016年10月，资金只增加了8 100万欧元。

“非洲能够拯救自己”是牛津大学教授、德国财政部顾问保罗·科利尔（Paul Collier）的潜台词——德国将在2017年成为G20新一任主席国。对他来说，非洲的移民潮将会带来人才流失问题，因为最富有活力和最具创造性的人才都离开了。科利尔把这一问题当作重要而紧迫的社会问题为当地政府建言献策：

> 对非洲国家政府来说，如果把为人们建房子、建学校的责任和义务都撇在一边，那么又怎么能指望它的人民为国家的发展与进步发光发热呢？

他认为，“企业能够带来财富。它们是进步的发动机，能够激发整体的社会变革，就像在中国所发生的那样”。

掌控自己的命运

从我们自己的经历出发，我们知道西方完全采用中国的模式未必会运转得很好。每个国家的人们都想依靠自己的双手运行自己创立的发展模式，以此来决定自己的命运，这一观点也是科利尔着重强调的：

> 当我是一个孩子的时候，中国还是极其贫困的，今天它却成了一个经济大国。所以说，如果一切运转良好，那么一个国家只需要一代人的时间就能解决贫困。
>
> 大英帝国曾经让中国陷入了鸦片战争的漩涡，但中国人并没有一蹶不振。我并不想贬低非洲的殖民主义，前提是我

们宣称还在迫害那些非洲受害者。我认为，非洲年轻人并不希望能听到那些故事。他们是想把自己的命运操纵在自己手里的一代。他们所代表的是非洲的未来。

亚洲：从向西方学习到主导世界

亚洲在很多方面都是众所瞩目的。它是人口最多的大陆，有中国这个人口最多的国家。俄罗斯是世界上面积最大的国家。喜马拉雅山是世界上最高的山脉，贝加尔湖是世界最深、最古老的内陆湖泊，马里亚纳群岛海沟是世界大洋中最深的海沟，而死海是陆地上海拔最低以及盐度最高的水域。印度被看作世界上最大的（西方式）民主国家。

亚洲还有最多的跨洲国家，即国家领土延伸到另一个大洲，这些国家有俄罗斯、哈萨克斯坦、印度尼西亚、埃及和土耳其。亚洲作为很多文化的摇篮发挥了重要的作用。此外，大多数宗教都起源于亚洲。

对我们来说，亚洲也是非常特别的，这也是我们作为作者能和出版商达成一致而出版《亚洲大趋势》的原因。那时，我和多丽丝并不知道我们日后能成为伴侣，并且成为和亚洲、中国紧密联系在一起的合著者。虽然我们是在 1994 年撰写的《亚洲大趋势》，但那时我们就已经很明白，亚洲在未来的几十年里将发挥很重要的作用：

到目前为止，在亚洲所发生的事情是今天这个世界上最重要的发展进程。没有任何发展进程可以比拟，对亚洲、对世界来说都是如此。在下一个千年到来的时候，亚洲的现代化将重塑这个世界。

《亚洲大趋势》是这样结尾的：

在过去的150年时间里，进步与繁荣是西方国家所享有的，亚洲很多地区都处于贫困状态。现在，亚洲人开始了他们的复兴之路，他们正紧紧抓住机会以实现文明的繁荣和昌盛。在科学和技术的带动下，亚洲人将会为世界展现一种新的发展模式。这种新型现代化集合了东方的美德和西方的价值观，是自由和秩序、个人主义和集体主义的大融合。东方崛起所带来的最深刻的结果是，一种新的现代化模式诞生了。

亚洲国家和地区秉承的是机会导向发展模式。首先是“四小龙”——中国香港、新加坡、韩国和中国台湾，在1960—1990年实现了强劲增长和迅速的工业化。新加坡跨越工业化阶段，大踏步地迈进了信息时代。这个城市国家建设了世界上最高端、成熟的基础设施，成为很多跨国公司的运营中心。中国香港崛起为堪与伦敦和纽约相匹敌的全球金融中心。韩国则成为世界高科技优质产品制造的领头羊。

东盟：消费阶层的 7 000 万个家庭

在《亚洲大趋势》出版不久之后的 1997 年，亚洲金融危机严重冲击了市场，于是出现了很多质疑亚洲作为经济发动机的声音，现在看来，那是言之过早了。东亚正取代日本成为区域经济繁荣的驱动力量。在 1995 年，日本的 GDP 已经连续 5 年出现了衰落。我们在《亚洲大趋势》中曾预测，日本将经历一个长时期的经济下滑期，很不幸的是，这一切都应验了。

尽管日本出现了萧条，但亚洲在全球经济中日益增长的重要性将会持续提振世界上发展最快的一些国家的经济，这其中包括现在的印度、持续强劲发展的韩国、持续快速增长的东盟国家。东盟是 50 多年前成立的，它一直是世界舞台上的一支重要力量。在过去的一些年里，它的 10 个成员国——印度尼西亚、马来西亚、菲律宾、新加坡、泰国、文莱、缅甸、柬埔寨老挝和越南的重要性不断提升。现在东盟有 6 亿人口，其总体 GDP 达到了 2.4 万亿美元（2014 年的数据）。东盟国家已经成为全球南环经济带国家中的发动机。如果按照单一国家计算，它的 GDP 已经位列世界第七大经济体。而且它还是世界上第四大出口地区，紧随欧盟、北美和中国之后。

牛津经济研究院预测，到 2025 年，亚洲在全球经济中的份额将会接近 45%。亚洲不仅覆盖了全球陆地面积的 1/3，它也正在成为主导全球的大陆，到现在为止，亚洲是世界上增长最快的地区。另外，亚洲在很多方面也是佼佼者。

企业领域中一个不断变化的场景

在2014年5月31日关于亚洲商业的一份特别报告中，《经济学人》写道：“到2030年，从GDP、人口规模、军费开支和技术投资这几个指标来衡量，亚洲将会全面超过北美和欧洲的总和。”一些世界级企业的巨头都在亚洲：市值2 030亿美元的中国石油化工集团公司、市值1 980亿美元的中国工商银行、市值1 610亿美元的韩国三星电子公司、市值1 930亿美元的日本丰田公司、市值1 620亿美元的中国建设银行、市值2 000亿美元的中国阿里巴巴集团、市值1 010亿美元的中国台湾积体电路制造股份有限公司，上面提到的仅仅是超过1 000亿美元的公司。对比一下：印度最大的公司信实工业（Reliance Industries）市值是506亿美元（据《福布斯》和《经济学人》的统计）。

相比之下，苹果公司的市值是5 860亿美元，德国西门子公司市值是910亿美元，而瑞士诺华公司的市值是2 030亿美元。

《福布斯》发布的排行榜上最大的10家公司有一半是美国的，另一半是中国的。中国的5家公司是国有的，而美国的5家公司是私有的。不过按照习近平主席复兴中国战略的一部分，中国的国有公司也需要向民营资本开放。

亚洲资本现在占全球资本市场的27%。亚洲的消费市场是巨大的，大约占全世界中产阶层消费市场的30%，而世界上47%的制造业都位于亚洲。亚洲55%的贸易都是在其区域之内发生的。[①]

---

① 参见http://dupress.com/articles/asia-pacific-economic-outlook-q1-2016-asia-economic-growth-continues/。

正是在亚洲大陆的这一发展背景之下，中国提出了“一带一路”的倡议——也就是要复兴海上和陆上丝绸之路。这毫无疑问将是未来10年经济大变革的一部分，它将影响所有的大陆。我们将在第五章详细阐述这幅新的世界图景。

拉丁美洲：进一步，退半步

如果拉丁美洲人在经济领域能够付出和正常相比一半的时间和努力，那么它在全球的舞台上也是一个成功的案例。可能是如画的风景和明媚的阳光消磨掉了拉丁美洲人的斗志——虽然他们面临着种种问题。不论是里约热内卢的狂欢节，海滨酒吧风味独特的凯匹林纳鸡尾酒、激情四射的探戈舞，还是西班牙式的生活方式，拉丁美洲总能让世人体验到一种别样的风情。

如果你能实地考察，更深入地了解拉丁美洲的国家和人民，你会发现灿烂的阳光也会投下斑驳的阴影。行政管理、司法体系、公共安全、法院和议会，这些都是拉丁美洲的孱弱之处。事实上，这些公共服务领域的弱势培育了拉丁美洲的自立意识，拉丁美洲的人民并不是简单地坐等政府的投入，因为他们认为他们自己能够掌控自己的命运，而且还会做得更好。巴西自从20世纪30年代就一直严重地衰退。巴西总统米歇尔 · 特梅尔（Michel Temer's）的政府管理团队承诺要给这个国家“带来希望和一个新的时代”——即使他本人正陷入腐败调查的漩涡。对巴西人来说，最好的迹象之一就是审判腐败的企业家和政府官员，然后把他们投入监狱。

在阿根廷，这个国家在20世纪50年代还是世界上最富裕的国家之一，阿根廷总统毛里西奥·马克里（Mauricio Macri）正在采取大胆措施以应对经济的下滑。尽管阿根廷在2016年出现了经济下滑，但国际货币基金组织预测其2017年的增长率将达到2.7%，虽然如果不忍痛削减补贴和社会福利，这一目标很难完成。而且，这种削减也很可能会遭到那些支持马克里当选总统的选民的抵制。现在，巴西和阿根廷都在努力争抢国外投资以转变落后的发展局面。

在过去的几十年里，由于拉丁美洲人乐观的天性，拉丁美洲的国家在全球化的进程中迷失了方向，并没有对自己在全球化中的作用进行清晰的定位。而且它们忽略了全球贸易的一个主要支柱——良好的基础设施。这种缺失也给拉丁美洲基础设施项目最大的投资者中国带来了机遇。中国对拉丁美洲国内基础设施的投资超过其他任何地区，但中国的投资也只占到拉丁美洲地区外资总额的6%。拉丁美洲和中国现在正紧密地靠拢在一起，而美国和拉丁美洲的关系却在渐行渐远。中拉贸易总额从2000年的2%（占拉丁美洲贸易总额的比例）迅速增长到2010年的11%，而美国的强劲影响力正在不断下滑。

不论美国是不愿意还是无力与中国在拉丁美洲展开竞争，其结果都是一样的。同美国的市场驱动战略大为不同的是，中国秉承了一个长达数千年的目标达成战略思想，即“实践战略思想”。它上溯到公元前5世纪，中国古代的战略大家孙子在他的杰作《孙子兵法》中就倡导中国人要有一种全局观。时至今天这个时代，这也是中国在地缘政治领域所采用的战略思维。

拉丁美洲受益于中国的巨额投资——当然美国也不例外。从另一个方向来考虑，并不仅仅是因为中国人，而是得益于自由市场，才使得中国的华为能够超越爱立信。华为正在拉丁美洲全力建设通信网络——巴西 6/7 的 4G 移动电话通信网络都是华为建设的。当然，这也得益于对移动电话通信网络不加限制的日益增长的消费市场。而法国跨国零售商家乐福在拉丁美洲的销售收入也增长了 9.7%（将汇率影响考虑在内），而它在巴西的增长率高达 25%。

征服者与投资者

现如今，拉丁美洲和加勒比地区的 33 个国家组成了世界上最多样化的地区之一。它们的人口增长到了 6.42 亿。但在过去的数千年发展史中，拉丁美洲的人口鲜有超过 3 000 万的时期。很多本土文化，有一些还是高度文明的文化，像阿兹特克文化、印加文化和玛雅文化，都在厚重的历史积淀中独立地发展起来了。然而，这些文化的发展却在 1492 年被残暴地打断了：克里斯托弗 · 哥伦布，这位意大利出生的探险家，打着西班牙国王费迪南德的旗帜踏上这片“新世界”。在 16 世纪之交时，由探险家佩德罗 · 阿尔瓦雷斯 · 卡布拉尔率领的一支船队到达了一片新的陆地，并立即宣布这是国王曼努埃尔一世的领土——这片新的陆地就是现在人们所熟知的巴西。正是由于“拉丁”一词源于征服者的语言西班牙语和葡萄牙语，所以才有了“拉丁美洲”这个名字。

虽然 20 世纪经历了困顿的政治和经济发展时期，但拉丁美洲的国家已基本发展成民主的、受市场驱动的经济体。在拉丁美洲北部，委内瑞拉、玻利维亚和厄瓜多尔的“极端社会主义”已经让这几个国家下滑到 2016 年美国传统基金会（The Heritage Foundation）经济自由度排名中的底部——分列第 176 名、第 160 名和第 159 名（根据我们最新的查证），并被归在“被压制”的国家行列。它们都是美洲玻利瓦尔联盟①的成员国，这个组织实施的是以国家为中心的发展模式，贸易和投资都来自新兴经济体的国家政府，比如中国。根据美洲各国之间的对话，从 2007 年到 2016 年，中国国有银行向委内瑞拉提供了 600 亿美元的贷款，但中国的投资受到很多因素的影响。根据美国企业协会的数据，中国每年向委内瑞拉提供约 25 亿美元的贷款，然而在 2016 年上半年，投资金额仅为 3 亿美元。

在大陆的西边，是太平洋联盟②，它的成员国包括智利、哥伦

① 美洲玻利瓦尔联盟是一个以拉丁美洲及加勒比地区政治、经济、社会一体化为宗旨的地区性合作组织。美洲玻利瓦尔联盟的前身为美洲玻利瓦尔替代计划。该计划由委内瑞拉总统查韦斯于 2001 年提出，2004 年在古巴首都哈瓦那成立，旨在加强拉丁美洲和加勒比地区国家间的经贸合作和一体化进程，抵制美国倡导建立的美洲自由贸易区。2009 年 6 月，根据委内瑞拉的倡议，该组织更名为美洲玻利瓦尔联盟。——译者注

② 太平洋联盟是一个新兴经济组织，该组织于 2011 年 4 月在秘鲁成立，2012 年 6 月 6 日正式签署太平洋联盟框架协议。主要成员国为智利、秘鲁、墨西哥、哥伦比亚。太平洋联盟自由贸易区是一个由 2.06 亿人口组成的大市场，GDP 总量将达到 1.7 万亿美元，该联盟的建立目的是进一步加强该地区一体化进程，大力推动成员国之间在货物、服务、资金和人员方面的自由流动。——译者注

比亚、哥斯达黎加、墨西哥、秘鲁和巴拿马，实施的是市场驱动的发展战略，其目的是提升资本流动、商品、法律规则和知识产权保护的透明度与效率。在 2008 年 5 月，南美国家联盟得以创建——现在签约国包括全部 12 个南美独立国家。它的目标是经济一体化，以及共同的货币政策、议会制度和护照。美国评论员把这一政策解释为，美国在这一地区主导权的一大损失。

太平洋联盟 vs. 玻利瓦尔联盟

并不令人吃惊的是，在过去的 10 年时间里，太平洋联盟国家所获得的国外直接投资远超过玻利瓦尔联盟。[①]

拉丁美洲也正在成为全球中产阶层的来源地，2011 年是个分水岭，在这一年里其中产阶层的人数超过了贫困人口。2001—2011 年，和中国、东欧一起，拉丁美洲成为全球中产阶层扩张最为迅猛的三个地区之一（按照皮尤研究中心的标准计算，即每天赚取 10—20 美元），现在其中产阶层的人数已经占总人口的 30%[②]。展现在这个大陆面前的是一片新的坦途。在增长的竞赛中，巴拉圭名列榜首——世界银行估计其增长率达到了 11%，其后是巴拿马（9%）和秘鲁（6%）。

拉丁美洲人渴求教育、渴求成功，他们正准备抓住未来几十年中变革的机遇。正像我们的朋友，刚刚从秘鲁旅行回来的前拉丁美洲记者伍尔夫冈 · 斯多克（Wolfgang Stock）博士所说的：

---

① 数据来自美国传统基金会和世界银行。

② 数据来自 2014 年世界银行。

根基已经打牢了，拉丁美洲现在有能力把弱势变成优势了。国外直接投资不仅可用于建设基础设施，还能够为投资者和当地政府与人民创造工作机会和新的市场。

巴西企业及其CEO的顾问，我们的朋友沃尔特·林克（Walter Link）却看到了拉丁美洲发展的困境：一方面，政治和商业的既有势力想要维持现状；另一方面，反对者和年轻的企业家们想要真正的变革。他认为，事实上很多CEO已经被判处多年监禁，这也是从做表面文章到实际实施的明显信号。

变革固然有些迟钝，但努力一直在进行。除非自然资源丰富的国家开始更少地依赖自然资源，并开始注重长期规划，否则，可持续的发展与进步将不会实现。大部分投资要想有效果也尚需时日。不幸的是，政治思维更多由选举驱动，而不是由结果驱动，这必将导致政治领导者将目标更多锁定在以牺牲长期经济发展与进步为代价而换来的短期政治收益上。如何逃脱这个怪圈不仅对拉丁美洲和加勒比地区来说是一个奇迹般的大问题，对大部分的西方民主国家来说也是个大问题。对非洲和拉丁美洲来说，都会面临一个同样的问题：它们的国家必须依靠自己的策略来发展，没有谁可以替代它们。

第五章

世界新图景

本书不是为一个国家或一个国家的读者所写，它的阅读群体是全世界的读者朋友。因此，我们假设，本书的读者能够以我们所描述的不同方式观察这个世界。大多数的人们观察这个世界都是从他们自己国家的核心利益出发的，也就是说他们习惯于把自己的国家看作核心。我们的成长环境、我们的家庭、我们的文化以及我们的国家塑造了我们现在的世界观。而有时，我们的思想以及基于我们思想之上的所有东西都需要再审视，尤其是当这些思想和思维模式的塑造还需要追溯到过去之时。在这一章里，我们将提供一个全新的视角来回顾历史以此掌控未来并培养对世界新图景更具洞察力的见解。

过去的长尾：两千年的故事

实力强大的国家和领先的知识分子是这个世界的塑造者，它们不仅在自己所在的大陆施展影响力，而且还把影响力扩展到全世界。想一想哲学世界的创立者苏格拉底、柏拉图和亚里士多德，民主的摇篮雅典，以及西方文学之源《伊利亚特》和《奥德赛》。今天，雅典和罗马的政治、法律与文化影响仍旧伴随我们左右。直到今天，《德国民法典籍》还是以19世纪的法律体系为基础的——它可以追溯到罗马法。欧洲的罗马帝国、非洲的库施王国和埃及人，中国的春秋五霸和周朝，南美洲的印加文化、玛雅文化和阿兹特克文化都在全球留下了印记。

经济发展也扎根于过去。得益于美国经济学家安格斯·麦迪森（Angus Maddison）1926—2010年的研究，我们可以估计出过去2 000多年的经济发展（见图5–1）。有些人可能会说，这个分析有些滑稽，不过也有一些人会认真看待，但这是在数据缺乏、国家边界多变以及数个世纪以来各种阻碍获取精确数据的因素下所做的最佳评估。即使他的计算与评估存在争议，但他以自己的观察与远见为世界各国力量的历史性变迁提供了独特的视角。

看一下这幅图，就会明白两点。首先，中国傲然屹立于全球GDP之巅，难逢对手——它现在只是把19世纪末输给美国的领先地位重新夺回来。其次，美国作为一个军事和经济大国的优势地位实际上是很短暂的。第三点要注意的是，西方国家作为一个整体在GDP方面占据统治地位的时间并不长。即使在耶稣出生时——当时的罗马帝国是以意大利为中心的世界强国，意大利也仅排在世界第三位。还有，即使在大英帝国统治时期，它在大部分时间里也落后于中国和印度。

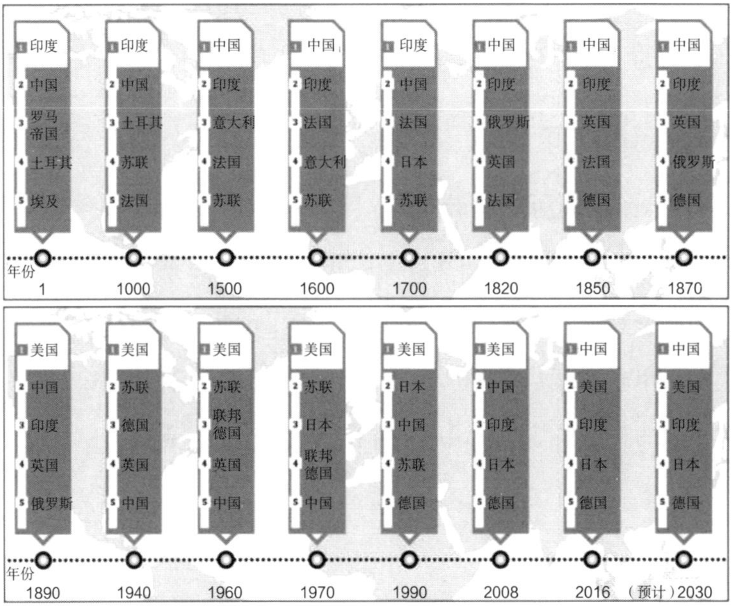

图 5–1　世界各国力量排列简史①

麦迪森除了在 2001 年做出了这份跨度两千年的各国力量对比概览，他还估算出，全球经济的产出在公元元年的时候达到了 1 054 亿美元——以 1990 年的价格为基准来衡量，而 2016 年 2 月柏林的经济产生是 1 246 亿欧元。（为了避开不同国家的币值和价格水平的波动，麦迪森的计算方法是以 GDP 购买力平价为基础的。）

---

① 图中所列的 1 700 年之前的“苏联”，实际上指的是 1922 年之后苏联所覆盖的疆域。——译者注

在 1500 年，世界上最大的城市是北京，它的人口估计达到了 60—70 万。当时中国的GDP估计为 1 000 亿美元，是世界上最大的经济体，印度则紧跟其后。法国的GDP位列第三，大约为 1 800 万美元，而巴黎是欧洲最大的城市，人口是 20 万。罗马，曾经是罗马帝国的中心，但自从罗马教皇迁居到阿维尼翁，这座城市就江河日下了。[①]

1517 年：欧洲历史的转折点

始于 14 世纪意大利的欧洲文艺复兴通过科学大发现开始尖锐地刺破基督教的教义，这也预示着以上帝为中心的世界观向以人类为中心的世界观的转变。当人文主义作为一种教育运动与对天主教的神学根基批判观点融合在一起的时候，霸权力量获得了复兴。

霸权力量的衰落

1517 年，马丁 · 路德（Martin Luther）在德国维登堡城堡大教堂的大门上张贴了抗议论纲。[②]他的行动掀起轩然大波：旧的世界观被一扫而空，那个时代拥有最强大力量的天主教会的根基也

---

① 详见 http://www.ggdc.net/maddison/maddison-project/home.htm。

② 路德于在 1517 年 10 月 31 日（一说 11 月 1 日）以学术争论的方式在维登堡城堡大教堂的大门上张贴出了“欢迎辩论”的《九十五条论纲》。论纲以神学论辩的笔调写成，语气甚和缓，仅指责某些教会的弊端而无意攻击教会本身，在第七十一条中还明确肯定教皇的赦罪权。论纲使赎罪券在德国各地的销路大减，有些地方已无人购买。路德此举得到各阶层支持，同时也触怒了教廷。——译者注

被撼动了。它是历史的转折点，而且随着时间的推移，它也成为欧洲最有权势的社会体系的改变力量。曾经把科学视为异端的教会的权势被转移到了掌握权力的世俗国王、皇帝、公爵手中。

强大的文化和教育运动从意大利北部扩展到欧洲的大部分地区。人们对这种转变的接受也经历了从开始的疑惑不解、分歧不断，到后来的思维转变，直到最后接受了现实。教育运动提倡文化、社会和政治的相互交融，启迪了人们的思想。伴随着快速的城市化，不同的职业群体也获得了创造财富的机会，城市开始繁荣起来。教会手中掌控的教育和经济实力成为天主教会强大权力的重要支柱。随着文艺复兴和宗教改革运动的展开，接受教育的门槛也越来越低。

随着教会权力的土崩瓦解，地心说世界观让位于日心说，科学开始摆脱一千多年来被视为异端的宗教枷锁。不过，虽然天主教会的权力在不断衰减，但如果不出现时代的根本变革，其权力的终结也基本是不可能的。

欧洲权力之根

天主教会的崛起开始于 1 700 年前，当时罗马的继承者君士坦丁登上了帝位，成为罗马帝国的统治者。君士坦丁是第一个受基督教洗礼的罗马皇帝。这是从罗马多神教向基督一神教的一次大转变。君士坦丁也可以借此来宣示他像上帝一样拥有无上的权威：上帝是宇宙的唯一统治者，君士坦丁是世界上唯一得到上帝护佑的罗马皇帝。

这是天主教会和世俗国家相互倚重的开始。它们紧密地联系在一起，彼此支持对方的权力以达成共同的利益。不平等是上帝赋予的。神职人员、贵族、公民、农场主都处于一定的社会阶层，每一个等级都有自己的位置。

在那个时代，流行病和瘟疫带来了很高的死亡率，那些在人世间看不到任何希望的人们都会祈求死后的救赎，而教堂就是他们唯一能去的地方。随着时间的推移，在某种程度上天主教堂已经从服务信徒退化为依靠信徒的需求而肆意敛财的工具。通向天国的大门都是明码标价的，这一切直到 15 世纪才开始改变。

与此同时，在大西洋的另一边，到 1890 年的时候，美国最终崛起为世界上最大的经济体，紧随其后的是中国、英国和日本，而欧洲被分裂成众多的国家和公国，在 GDP 规模上已经无法名列麦迪森的榜单了。

以西方为中心世界的开始

在过去的 500 年里，尤其是过去的 100 年，世界上没有哪一种文化能像欧洲以及后来的美国那样获得如此广泛的全球影响力——美国是在逐渐消灭印第安原住民之后而成为以欧洲移民为主体的国家的。它们的政治、经济和文化影响力被传播到全世界，席卷了大多数国家的当地文化。西方的服装、音乐、商业、行为方式、发明创造和创新都从西方扩展到世界的其他地区。西方那种超越世界其他地区的自我优越感也逐渐形成。西方把自己看作道义权威的化身，并由此在以西方为中心的基础上设定了全球标准，然后以此标准来评判世界的对与错。

西方权威和权力的破灭

当我们在全球旅行、进行研究时，我们看到的是西方世界的全球权威已经不再是不可挑战的了，西方的世界观也不再具有普适性。在全球范围内，新兴经济体正在塑造它们自己的标准。

两个国家的起点

在20世纪的第一个10年里，美国的领先地位越来越巩固。一个毋庸置疑的事实是，1930年还处在社会秩序混乱、国共两党分裂和日本帝国侵略的社会背景之下的中国，虽然其GDP的规模仅及美国的1/3，差不多和德国、英国和印度的GDP相当，但它仍旧是世界第二大经济体。

中国重登领先地位的转折点

到1980年，也就是两次世界大战之后，日本登上了世界第二的宝座，联邦德国位列第三，中国则滑落到第十位，落后于位列第九的印度。随着邓小平改革开放政策的实施，中国又开始向GDP霸主地位迈进了。

到2015年的时候，国际货币基金组织的研究分析显示，中国以购买力平价为衡量的GDP名列世界第一，而其GDP跃居世界第一位也仅仅是时间问题。普华永道对未来几十年的变化甚至看得更深、更远。普华永道预测，到2050年，中国的GDP将达到

61 万亿美元，印度将以 42 万亿美元名列全球第二，以微弱优势领先于 41 万亿美元的美国。看起来以前历史上的世界大国以及全球舞台上的新角色将会主导世界的未来。而世界排名第一的位置已经毫无悬念了——中央王国将会获得这一桂冠。当然，对普通民众来说，更为重要的可能仍旧是哪个国家能够通过竞争获得最适宜居住国家的桂冠。[①]

虽然我们不能预言未来，因为这可能会涉及数十亿、数万亿美元的战略决策，还有无法预见的发展进程，以及让人意想不到的突发事件，但最为保险的赌注是中国将在全球发挥领先作用。使用一个简单的计算方法：如果我们对人才的随机分布进行计算，并把它与人口数量联系起来，那么中国和印度这两个人口最多的国家将会达到一个很高的发展高度。

而国家不会按照任何可能的发展理论进行发展。预测未来最保险的策略始终都是研究现在。

从一个以西方为中心的世界到一个多中心的世界

我们的判断是，全球南环经济带国家将会描绘一幅新的世界图景。虽然全球南环经济带国家处于不同的发展和增长阶段，而且其中有一些国家还处于经济和政治动荡状态之中，但它们从整体上看将会创造一个新的世界。

① 参见 http://www.newgeography.com/content/005050-500-years-gdp-a-tale-two-countries。

西方的霸主地位已经从不同的方向开始衰减了。随着经济权力的不断削减，西方自我标榜的民主和自由市场是全球发展范本的言论也不攻自破。新的发展动力正在改变全球社会。以西方为中心的世界正在蜕变为一个多中心的世界，在这个多中心的世界里有很多国家，甚至更为重要的是，很多城市都在设定全球的规则。一幅新的世界图景将展现在我们面前：这是一个混合着各种意见，以及经济和文化的多样性的世界；同时，从一个长期框架来衡量，这也是一个多种新治理模式层出不穷的世界。游戏规则的改变者将是全球南环经济带的国家和城市，它们将重塑我们未来几十年的世界。

为什么要掌控未来必须先熟知过去

正如我们在前面所言，我们在开始生活的时候并非一纸空白。我们如何看待这个世界以及我们国家在这个世界上的地位，很大程度上依赖于我们所处的国内环境和个人发展环境，当然这些环境本身也是随着时间而不断发展变化的。我们的思维深受我们生存的环境所影响，而一个国家的自我认知由历史和过去塑造。

社会发展进步并不仅限于西方世界。如果我们回看一下 200 多年前的世界，不平等现象在大部分国家都是存在的，在这些国家里，拥有土地的贵族和平民被划分为富人和穷人。社会的流动性很小，贫穷的环境往往被视为命中注定。而 200 年之后，这种发展的鸿沟在发达国家和发展中国家之间体现出来。

这幅新的世界图景并不仅仅是关于经济和政治的，它也与我们的心理情感以及我们该如何应对相关。在西方主导的200年时间里，西方对主导权和道德权威的自我认知得到了不断加强。而且我们不得不承认，西方不仅实现了GDP的快速增长，还实现了很高的个人收入和生活质量，虽然西方国家的不平等已经越来越成为一种负担以及政党政治讨论的热点话题。在西方地位正不断受到新兴经济体以及自身缺点的质疑和挑战的背景下，在可预见的未来，西方国家和全球南环经济带国家必将会重塑这个世界——在一个正在演变的新的世界秩序下。

过去的全球体系有助于我们掌控未来吗

联合国和布雷顿森林体系架构下的世界体系大体是70年前全球权力的体现。接下来，全球体系和西方国家政府将无法再挥动指挥棒来指挥新兴经济体的管弦乐队了。自从"二战"结束以来，由西方国家根据自己的利益发起成立的全球治理机构一直占据着世界的政治舞台。而现在的世界已经与联合国、国际货币基金组织和世界银行创立时的世界大不一样了。

"我认为，虽然这些体系可能在应对20世纪的问题时获得了一些成功，但它们已经无法应对今天我们所面临的新的全球挑战了。"世界银行前副行长伊恩·高登（Ian Goldin）在他的著作《分裂的国家：为什么全球治理正在失败，我们又该如何应对》（*Divided Nations: Why Global Governance is Failing and What We Can Do About It*）中写道。

联合国已经无法兑现1959年苏联赠送给位于纽约的联合国总

部的青铜雕塑上雕刻的"铸剑为犁"[①]的誓言。

世界银行——1944年创建于布雷顿森林大会，最初的目的是为了重建欧洲，但后来发现它的核心使命变成了为新兴经济体提供发展资金。世界银行为了减轻贫困经常会对贫困国家进行结构调整，政府为了结构调整而削减开支也常常会给这些发展中国家的发展环境带来灾难。

国际货币基金组织的核心目标是保持汇率稳定，虽然它的使命迅速扩展为几乎无所不包——从金融监管到改善空气质量。

掌控21世纪的全球治理

新的世界秩序的演变将会深深打上全球政府的烙印。在接下来的几十年时间里，单一的大趋势将会引起系统的、整体的变化，也就是一场政治、经济、社会以及发展进程上的全球大变革。一个必然的结果是，在所有这些进程中，不断增长的、相互依赖的复杂性必将会触发新的系统风险，全球体系中引人警醒的缺陷也会暴露无遗。

这些缺陷中的一个例子是2008年的金融危机。全球体系已经无法阻止或者有效应对这种危机。然而，这种明显的失效却没有

① "铸剑为犁"是《旧约》中对未来太平盛世的一个描述。以"铸剑为犁"为名的青铜雕像位于联合国总部的花园中。这座青铜雕像是叶夫根尼·武切季奇（Yevgeny Vuchetich）为了纪念第一次世界和平大会的召开而创作的，雕塑中的男子一手拿着锤子，另一只手拿着他要改铸为犁的剑，象征着人类要求终结战争，把毁灭的武器变为创造的工具，以此造福全人类。——译者注

触发体系架构的变化。全球体系的当前架构与解决 21 世纪的多重复杂风险是错位的。目前的困境是，一方面，人们对全球体系的迫切需求前所未有；另一方面，全球体系的改革和创新却跟不上风险滋生和增长的速度。

根据国际货币基金组织和世界贸易组织的统计，从 1980 年到 2005 年，全球对外投资额增长了 18 倍。真实的全球GDP增长了约 32%，而全球商品进出口增长了 7 倍多。全球移民是全球机制很难解决的问题，在 2015 年跨国移民人口达到 2.44 亿，成为有史以来的最高纪录。2015 年，欧盟收到首次申请庇护的人数就达到 120 万人。欧洲接收的难民数量巨大——与差不多 5.1 亿的欧盟人口数量相比，所以对难民进行充分的管理也是必要的。

全球体系必须做出调整以适应 21 世纪的复杂性、相互关联性和相互依赖性，但大多数倡议都是空头支票。影响国内政策的全球性系统风险超越了地缘政治和国家利益，也刺激了更多政府间的谈判。

全球体系架构的变革能够以多快的速度完成在很大程度上将取决于世界各国对新的全球权力平衡现实状况的接受程度。

放下过去是拥抱未来的前提条件

阿尔伯特 · 爱因斯坦的名言——“为了有潜能成为谁，我必须放弃我是谁”，至今仍然没有失去意义。

作为人类，掌控大趋势的程度与我们掌控自己的程度紧密相连。我们在多大程度上能够放弃过时的观点并接受开发适应现实环境的新思维模式的挑战？个人和群体对事情的看法在多大程度上是一致的？我们是否经常听到一些人或机构习惯于墨守成规，甚至对不断叠加的权力难以割舍，即使这样做是在损害整个系统？

西方不再是普世价值的守护者

新的全球体系已经不再适合西方世界，但这不会改变西方国家继续自我标榜为“普世价值和权利的守护者，全球道德和经济中心地位的捍卫者”的思维模式。

全球南环经济带的新兴市场——时常被西方国家低估的力量，已经逐渐形成了自己的世界观。基于它们自身的历史和文化，新兴市场已经形成了与未来前景相符的新的认知基础——没有受历史包袱所限制。它们发现凭借自己的力量就能自力更生了。曾经被宣称的“历史的终结”演变成了“全球大变局”，在世界观已然变化的背景下产生的新的经济联盟，以及新的地缘政治和新的经济格局都成为其重要特征。

全球发展的新动力

乍一看，中国、非洲和拉丁美洲几乎没有共同之处。悠闲自在的拉丁美洲生活方式与中国奋发拼搏的职业伦理格格不入。在非洲，每个部落都拥有自己的文化，这些部落生活在 58 个国家里，很难形成共同的基础。

中国人口有明显的同种同源特征，而拉丁美洲20个国家的人口来源却多种多样，从占人口少数的本土拉丁美洲人到法国人、西班牙人、葡萄牙人以及德国移民。虽然种族不同、文化不同，发展历史进程也不同，中国、非洲和拉丁美洲却能够成为一个整体，为全球带来新的发展动力。中国是让全球数亿人口摆脱贫困状态的引领者。拉丁美洲虽然问题很多，但最近几十年里在减少贫困方面成就显著。

一份世界银行的非洲贫困报告显示了一个悖论，虽然贫困状况比人们预想的要好，处于极端贫困的人口数量却在上升。这其中的一个原因是，人口出生率很高。在撒哈拉以南非洲，平均每个妇女要生育5个孩子，而全球的平均数量是2.5个孩子。

中国的崛起，包括它的经济权力、政治上的长期战略规划，以及它实施改革的能力都为拉丁美洲和非洲的国家创造了一个可以实现经济增长、社会稳定和进步这一共同目标的合作平台。中国参与其中所激发出的能量为新兴经济体提升双赢关系创造了很多可能。法律规则的完善也有助于促进这种多边关系，进而有助于把合作关系扩展到下一个舞台——从商业领域扩展到投资领域。

正如大西洋理事会在2015年的报告中所显示的，自从2000年，中国与拉丁美洲之间的贸易额增长了接近20倍，这其中主要得益于中国与一些国家，比如智利和秘鲁所签订的自由贸易协定。由于商品市场的繁荣不断萎缩，这一支柱也被削弱了。在这种情况下，中国想要更多地分散市场和商品来源，以及开拓更多的投资渠道。

拉丁美洲国家想要弱化与其主要贸易伙伴美国和欧洲之间的

合作关系，但也没有完全把目标转向中国。到2016年，中国成为拉丁美洲第二大进口来源地（美国还是第一位），以及第三大出口目的地。根据国家统计局、中央银行和国际货币基金组织的统计数据，巴西成为中国主要的拉丁美洲贸易合作伙伴，其贸易额在2014年达到780亿美元。对于正在应对经济萧条和政治丑闻的巴西来说，有一个好消息：中国曾宣布，到2016年对拉丁美洲的投资将增长到2 500亿美元，而贸易额将达到5 000亿美元。

交往源远流长

中国在亚洲和非洲的影响力不断提升通常被看作20世纪和21世纪的重要发展进程，虽然中国的海上历史可以追溯到公元前。几个世纪以来，关于中国与亚洲、非洲国家之间关系的记载可谓乏善可陈，但实际上，它已经有几百年的历史了。

首次有记录的非洲与中国的关系是在15世纪，那时伊本·白图泰（Ibn Battuta）[①]从摩洛哥到达中国。此后，中国皇帝逐渐把其权力扩展到海洋。随着中国人航行到非洲，印度人和穆斯林也旅行到中国，中国人的地理视野得到极大的扩展，也促进了造船和航海技术的发展。在宋朝，中国更是为了获取原料而拓宽了香料的商业进口渠道。

① 全名阿布·阿布杜拉·穆罕默德·伊本·阿布杜拉·伊本·穆罕默德·伊本·伊布拉欣·赖瓦蒂·团智·伊本·白图泰（1304—1377），摩洛哥穆斯林学者，大旅行家。据传，伊本·白图泰在元顺帝至元六年（1340年）到达泉州，游览了泉州、广州、鄱阳、杭州等地，留下了美好的回忆。——译者注

中国航船让最强大的葡萄牙船队相形见绌

对于中国的宝船航海，一般人鲜有耳闻。回溯到 15 世纪，明朝统治期间，郑和率领一支由 70 艘船、超过 27 000 名船员组成的舰队开启了 7 次航行的第一次“宝船之旅”。这支舰队的旗舰长达 400 英尺[①]，有 9 个桅杆，12 张红色的船帆，可承载 1 000 人。郑和的船让当时最大的葡萄牙航船相形见绌，因为前者体积达到了后者的 7 倍。这艘船与气宇轩昂、身高 7 尺（约合 2.1 米）的领航人郑和相当匹配。怪不得一些人会认为这个巨人来自美国。

然而，尽管郑和这支舰队的规模非同一般，但它航行的目的并不是为了征服，而是为了扩大中国在世界上的影响力。宝船舰队扬帆太平洋、印度洋，远航到阿拉伯半岛、东非，这要比葡萄牙航海船队经由非洲最南端抵达印度要早了近一个世纪。

郑和的第 7 次航行，抵达了东南亚、印度海岸、波斯湾、红海、非洲东岸。两年之后，也就是 1433 年，返航的郑和在古里[②]病逝，之后舰队返回中国。当然，也有人认为，在 15 世纪初，这样的舰队过于豪华、造价昂贵，大大削弱了其实际的经济意义。

中国与亚非国家的关系没有殖民主义的烙印

作为一个海上强国，中国是有能力扩张其领土的，但中国没有这样做。今天，中国人以“友好使者”来纪念郑和，因为正如

---

① 1 英尺 =0.304 8 米。——编者注

② 即卡利卡特（Calicut），中国古籍称其为古里，是印度南部喀拉拉邦第三大城市。——译者注

中国人所强调的，郑和带去的是瓷器和丝绸，而不是杀戮、掠夺和殖民主义。在这一方面，中国人非常喜欢马来西亚前总理马哈蒂尔·穆罕默德在北京的一次会议上所说的一句名言。当时有听众问他，是否担心中国会掌控马来西亚。他笑着说："在马来西亚，我们与中国做贸易已经有两千多年了。他们从来就没有掌控过我们。不过，有一天，三艘葡萄牙的船出现在了马六甲海峡沿岸，你们猜接下来会发生什么。三个月后，我们成了一块殖民地。"

在2005年，中国为了庆祝郑和首航600周年，复制了一个小型舰队，从青岛航行到了亚洲和非洲的港口。对中国人来说，郑和就是中国不会给其他国家带来威胁的一个符号。

寻求合作基础

中非关系和双方心理情感在20世纪得到了加强，因为中国支持反对种族隔离，而非洲也跨出了远离西方国家，寻求新的、更平等的联盟关系的一步。

这一切也确定了中非关系发展的基调。就像历史塑造了中国的大国地位一样，西方国家在历史课程方面的盲点也导致了它们对过去历史的误读。缅因州东高中，也就是希拉里·克林顿读高中的那所学校，对中国航海历史的关注可能要比德国和澳大利亚的高中少得多。希拉里·克林顿把当前中国针对非洲的"宝船之旅"同西方的历史联系起来。她在2011年访问赞比亚期间，对中国进行了猛烈抨击："我们目睹了殖民时代的到来，它轻轻松松闯进来，挖走了天然资源，贿赂完领导人，然后扬长而去。"

津巴布韦经济学家、《赢者通吃：中国的资源之争，这对世界意味着什么》（*Winner Take All: China's Race for Resources and What It Means for the World*）一书的作者丹比萨 · 莫约（Dambisa Moyo）却提出了一个不同的看法。2012年6月29日她在《纽约时报》撰文指出，中国在非洲的投资并不是新型帝国主义，而是非洲经济增长最大的希望。在2015年，中非贸易额从2014年的2 200亿美元跃升到约3 000亿美元，增长了差不多30%。而且，习近平主席还宣布中国将为非洲培训20万名职业技术人才，并帮助非洲国家提升教育水平。到2040年，每年将会有1 000万名非洲青年融入劳动力市场。

为了更好地掌控日益增长的青年失业率所带来的危险，非洲迫切地希望提振经济发展。任何投资，不论是私有还是国有企业的投资，以及任何对中小型企业和微型企业的鼓励措施，都有助于非洲的经济稳定。尤其是在资源匮乏的国家，这类投资有助于解决向其他大洲（尤其是欧洲）移民的那些棘手问题。

全球劳动人口的增长主要取决于非洲

联合国预计，撒哈拉以南非洲的劳动人口（从15岁到64岁）将从2016年的10亿增长到2050年的25亿人。这和欧洲形成了鲜明的对比。除非允许大规模移民或者大幅提高人口增长率，否则欧洲的劳动人口将会从2015年的4.92亿下降到2050年的4.05亿，现在看来两者都是不可能的。

中国在某种程度也会受到人口因素的冲击。同样的时段，它的劳动人口将从 10 亿上下缩减到 7.94 亿。

美国的状况会好一些。它的劳动人口将会从 2015 年的 2.13 亿增长到 2050 年的 2.34 亿，仍然大大低于 1960—2015 年的增长率。

金砖国家整体经历了劳动人口强劲增长的过程，但从现在开始它的增长率将会变缓，而印度的劳动人口将会持续增长。[①]

中非双赢

为了帮助非洲实现农业现代化，中国将主动在 10 家中国农业机构和 10 家非洲农业机构之间搭建合作关系。当然这一设想也能给中国带来利益，因为中国对有机、天然、健康农产品的需求量正在不断上升。非洲国家能为日渐富裕起来的中国消费者提供优质而独特的食物。以咖啡为例，非洲的特色咖啡店就能够提供口味独特的单品咖啡。

中非卓越基金会[②]的主管 Jinghau Lu[③]认为，中国传统的思维习惯把非洲的产品看作“原生的、天然的，并且有着异国文化情调的”，这是吸引中国消费者的原因。注重质量和异国情调而不是数量与批量产品为中非商业合作开启了机会之窗。

---

① 参见 http://www.newgeography.com/content/005071-working-age-population-around-world-1960-2050。

② 中非卓越基金会于 2013 年 2 月在肯尼亚首都内罗毕成立。作为中非应用型智库，该基金会致力于打造中非交流平台，努力促进中国与非洲商业及贸易发展，促进在非中企在投资、管理经营、文化差异领域的本地化。同时，协助非洲企业走进中国。——译者注

③ 该中文名无法确认。——编者注

在参与非洲经济发展的过程中，中国经常被看作一个庞然大物。不过，虽然传统上中非合作关系是基于国家政府之间的合作，但也有很多合作是在省级层面上展开的。例如，加扎–湖北友谊农场（Gaza-Hubei Friendship Farm）就是湖北省与莫桑比克加扎省之间签署的合作项目。

另外，民营公司的参与速度也在加快。中国公司越来越倾向于以市场导向为主。他们不仅学习当地的语言，还改造他们的产品以适应当地的口味和需求。

根据美国布鲁金斯学会的研究分析，中国在非洲的投资正在加快铺开，从尼日利亚、南非这类较富裕的国家到埃塞俄比亚、肯尼亚和乌干达这类非资源性的富裕国家。与此同时，当西方国家的投资因非洲法律规范的缺失而撤离时，中国却大为不同，它的对外直接投资看重的是一个国家的政治稳定。

非洲的人口红利

对非洲国家来说，如果政府有一个良好的治理环境，就可以从非洲不断增长的人口中收获很大的红利。“政治上自由民主的模式已经失去了它的吸引力。”资深非洲研究专家兼记者巴赫罗马斯·吉瑞尔（Bartholomäus Grill）在他的书《噢，非洲》（*Oh Africa*）中写道。在探索新的发展模式途中，非洲的政府精英不再关注美国，因为非洲和美国几乎没有什么共同点。他们把目光瞄准了新兴经济体，实践已经证明这是最可能让他们摆脱贫困、融入全球经济的道路。西方的主导权、西方的道德和政治权威以及非洲对西方普世价值观的接受，正在慢慢烟消云散。

“怪不得美国政府要猛烈抨击它的竞争对手，因为中国正在非洲进行巨额投资，而美国却呆呆地站在那里，眼看着自己在非洲的影响力慢慢消失。”丹比萨·莫约写道。她在2013年的TED[①]演讲中讲道：“中国的发展体系正在新兴经济体的人们中获得广泛认同，因为他们越来越相信，这种发展体系完全可以带给他们更好的生活质量以及更快地提高生活水平。”

基于这种共同的发展理念，54个非洲国家创建了非洲联盟，其总部位于埃塞俄比亚的首都亚的斯亚贝巴。2012年，在肯尼亚设立的中央电视台分部为中国提供了一个正式的交流平台，“有助于中国人更好地了解非洲，提升中非关系，也有助于把真正的中国引介到非洲，同时把真正的非洲引介到中国”。

其实完全不用过多解读，所有这些都说明中国和非洲国家越来越融入世界，它们的自我认知也逐渐从弱变强。

新的发展动力、新的政治格局

中国新的自我认知以及其在全球舞台上日渐展现的魄力与自信使它对国家之间的关系有了一个不同的评估标准。它不再受所谓优势国家的支配，而是要自己做出选择。

在2014年1月，英国《卫报》引用了《世界邮报》上的一篇

① 全称为“Technology Entertainment Design”，即技术、娱乐、设计，是美国的一家私有非营利机构，该机构以其组织的TED大会著称，这个会议的宗旨是“值得传播的创意”。——译者注

文章，在这篇文章里，清华大学当代国际关系研究院院长阎学通认为，中国正在开启一种新的外交政策，正在走一条融合而非冲突的道路：

> 邓小平以低姿态的外交风格（韬光养晦）优先发展对美关系，但最近在习主席的几次讲话中，他明确地表达了一个不同的战略方向：努力有所作为（奋发有为）。

阎学通还补充了一个很有意义的新观点：

> 20多年以来，中国一直执行的是和平共处的外交政策框架。除了少数几个国家之外，中国对待所有其他国家的态度基本都是相同的，那就是把努力维持有利于中国发展的外部环境作为中国的优先目标。而在习近平时代，中国开始以朋友和敌人区别对待不同的国家。对于那些在中国崛起的过程中愿意发挥建设性作用的国家，中国将寻求多种方式让它们能够从中国的发展中获得更多的实际利益。

第六章

掌控一个新的世界

当有年轻人问你，他们该学习什么的时候，你该如何回答？你该如何回应那些职业受困的人们？你该对那些失业的人们讲些什么？未来的工作是什么样的？有没有适合所有人的解决方案？

未来是人类和机器共存的，还是机器会取代人力劳动者？可能你会轻松地认为，你的职业不可能会被机器所替代。更可能的是，你往往是错的。

回溯一下 200 年前，那个时代大多数人还都是农民。后来在发达国家，自动化技术几乎完全取代了农业劳动者。近几十年以来，制造业工人又慢慢地被能进行锤打、组装、焊接、切割的工业机器人所替代。但所有被取代的农业和工业劳动者并没有因此而失去工作，因为与此同时自动化又创造了数以百万计的新工作机会。很多给我们孩子提供的工作机会在我们的祖父辈看来都是不可想象的。所以，为什么我们会认为这样的进程会停止呢？为什么我们会质疑那种告诉我们到21世纪末今天70%的职业都会被机器人和人工智能所取代的预测呢？可能这样说还太过谨慎。

展望对我们很难产生影响的遥远的未来要比观察、判断一二十年时间里正在影响我们工作、生活的发展趋势要容易得多。要真正理解这一点需要花费很长时间。我们都经历过体力劳动者被自动化技术所替代的过程。而我们很多时候也可能会认为或者希望，机器所取代的也许仅仅限于蓝领工人的工作。但现在一个趋势越来越明显了，那就是自动化技术已经渗透进了知识工作领域，并正在扩展到复杂性的工作领域。

我们的孩子已经无法想象使用传统相机，而且还需要在黑暗的冲洗间里冲洗胶卷的那个时代了。那个冲洗过程早已经自动化，然后随着数码相机的出现这一过程也显得多余了。现在，人工技术人员已经没有必要在医学实验室里进行血液测试，医院里也没有专门的护士再为病人送药了。即使牙科医生也不得不考虑自己的职业去向，因为现在3D打印机都可以“打印”牙冠、牙桥、移植牙，而且还具有更高的精密度，花费的时间更少，成本也更低。

一些工作机会将永远消失，这是千真万确的。不过，新的工作机会将会取代那些失去的工作机会。关键是，面对这种大趋势，你要学会如何应对这种变化。

做好准备，从现在开始

人工智能以及光学字符识别系统几乎让所有的职业都无法再

高枕无忧了。人工智能已经植入了我们的很多机器，虽然我们无法辨别，也无法命名。想象一下，假如我们在中国的一座城市的街道上迷了路，然后想要找到回旅馆的路。没问题。在大街上你几乎碰不到没有智能手机的人，他或她只要把你的问题用英语或其他语言输入手机，立刻就能把中文翻译出来。专业翻译人员需要提升自身价值以留住自己饭碗的时间已经为时不远。

或者我们可以拿随意在网页上抓取图片就能写出准确标题的谷歌计算机作为例子。如果没有今天的技术手段，我们为撰写本书所做的研究将会花费数年时间才能完成。你想知道“敏感而有灵性”的工作机器人Baxter能为你的公司做些什么吗？实际上，我们所需要的信息可以手到擒来。而且比任何文字性说明都更好的是，我们通过一段视频就可以轻松知道这台机器人是如何学会工作流程的。

那些处于危险边缘的最普通的工作

我们已经习惯了乘坐航班时大部分航程都是自动驾驶的，那么卡车实现自动驾驶还需要多长时间呢？根据美国卡车协会的数据，在美国差不多有350万名职业卡车司机。如果根据预测到2050年绝大多数卡车都能实现无人驾驶的话，年轻一些的卡车司机最好就得做好失业的准备了。那么还有多达差不多200万名仓储管理员、250万名物料操作员、350万名出纳员又该如何保住他们的工作岗位呢？

中国服务业和制造业数量巨大的劳动力在很大程度上也面临

着他们的美国同行同样的问题。中国儒家思想有“有备而无患”的说法，现在是时候为未来新的工作世界而准备了！

生或死的命题

当然，敢于预测人工智能下一步的发展就像投机一样让人兴趣盎然。很多科学家预测，从长期来看，我们正进入人工超级智能的发展阶段。早在1998年，牛津大学人类未来研究院的尼克·波斯特洛姆（Nick Bostrom）就对超级智能做出以下阐释：

> 所谓的超级智能指的是，它在每个领域（包括科学创造、普通智慧和社会技能）的实际操作中都要比最有智慧的人类头脑还要聪明。但对于超级智能是如何运转的还是一个悬而未决的事情：不论它是一台数字电脑、联网的组合电脑，还是人工培养的皮层组织或者你所想到的其他东西。对于超级智能是否有意识，是否拥有主观体验，也是一个没有解决的问题。

在几份与人工智能相关的调查中，有专家被问到：合理地推测一下超级智能哪一年能够实现。答案是，有可能改变世界的超级智能将会在2060年出现。这一预测的准确性并不是让人难以相信的，回想一下人工智能的发展进程——从调查问卷到最终实现也差不多用了这么长的时间。

当然它可能要比我们预计的花费时间更长，不过事实是它越来越迫近了。但是，超级智能足够安全吗？我们能否以及能够预先对超级智能进行设定以确保其足够安全呢?就现在的世界而言,我们还是有理由去怀疑它的。然而,比较明确的一点是,随着超级智能的到来,我们众多的工作机会将让位于机器。哪些工作岗位将会失去,哪一类工作将会被替代,以及我们该如何准备、如何应对这种可能性的发生?让我们拭目以待。

未来之路就在眼前

机器人将不会很快取代口若悬河的职业律师,但它们已经进入了律师们的后台办公室。据波士顿咨询和德国汉堡法学院所发表的一份研究报告,未来,一位律师差不多有50%的工作都是可以由运算法则来完成的。比如说,你是一位专注于研究破产法的律师。有人向你提出问题,一家无力偿债的公司还能否运转。要回答这个问题,人工需要经过数天的调查、研究才能得出结论,而法律机器人只需要几秒钟的时间就可以解决。专注于法律文件的人工智能能够分析数百万份文件,阅读法律文本和注解,以及引用法律条款、组织辩护语言。由IBM研发的作为机器人"沃森"(Watson)的一个扩展程序能够持续不断地进行学习,而且即使搜索巨量的数据文件也拥有不遗忘的功能。另外,这个程序还能够使用不同的语言进行工作。

运算法则将会给律师事务所带来革命性变化。过去,处理办公室事务是年轻律师和专职助手的日常工作。未来,事务部门的工作将电脑化和自动化。这种工作外包的积极一面是,它能降低法律咨询的成本,减少法律合同和其他法律文件中人为方面的失误，还能把法律用语分解成我们所有人都能理解的语言。

在德国的金融首都法兰克福，美国律师事务所贝克·麦坚时（Baker & McKenzie）看到了应对新的环境的必要性。在日常事务外包给软件之后，律师们在合同签署、问题出现之前的很长一段时间内，就可以开始与委托方进行沟通、规划相关进展了。

在柏林，法律科技创业公司Leverton正在迅速成长。这家公司研发了一套能够在几分钟之内浏览数百页房地产合同的自学习运算系统。很快，当所有的法律书籍、法律档案和文件都能够存储在手提电脑或“云”上时，法律事务所就会变成历史的遗迹了。当前阶段，Leverton专注于房地产合同，但这家公司也看到了其他领域所蕴藏的巨大机会。

其他创业公司，包括Flightright、Euclaim和Fairplane，也都正在为那些对航空公司的服务不满的乘客而努力改善自身。它们所开发的运算系统只需要几秒钟就能判断出一份乘客索赔是否可行。[①]

技术对法律机构和部门的影响很可能也会影响到法律实施的其他方面，但运算法则的应用不仅局限于法律行业，还将会在医药、投资、计量，以及很多其他领域展现出来。

掌控运算法则

100年前，人们所受到的教导都是，上帝是无处不在的，不

---

① 参见2016年9月22日《德国时代周报》。

论你是否这样认为。现在运算法则也是无处不在的，不论你相信还是怀疑。

“让运算法则负责”是2016年3月8日的《纽约时报》头条文章的标题。虽然我们可能一直不知道什么是运算法则，但它不仅在我们决策过程中帮助我们，也被很多公司和机构使用，包括对我们日常生活影响巨大的政府部门。它们要评估简历、筛选求职者，评估借款人的信贷可靠性，评估人们对健康、人寿、汽车保险费的态度，甚至预测每个个人未来涉入犯罪活动的可能性。

然而，运算法则也有另一面。麻省理工学院访问学者兼微软公司研究员凯特·克劳福德（Kate Crawford）宣称：“我们迫切需要推进影响我们日常生活的运算系统得以正规运转。”马里兰大学教授弗兰克·帕斯夸里（Frank Pasquale）则警告说：“你不经意间的一个污点，在你毫不知情的情况下可能最终会产生一个随机的数据库。”

当你被运算法则炒鱿鱼时，你该责怪谁?

这一问题是《连线》杂志在2016年1月提出来的。是的，人们正在认真思考当他们做决策时运算法则该承担什么样的责任。欧盟将在2018年5月制定新的实施规则，这些规则能够让其公民在自动决策以及怀疑决策时获得一个解释。当然，由于规则只适用于不涉及人的判断的决策（例如，线上信用卡申请和线上招聘），很多情况将不受影响。在美国，国会否决了奥巴马提出的“消费者隐私权利法案”，这份法案是基于欧盟的数据规则起草的。

虽然我们的生活越来越像一本打开的书，但运算法则不会泄露这其中的秘密，因此也不会承担相关责任。如果数据是错误的或者会带来错误的假设，受害者可能也不会拥有追索权。他们只能寄希望于他们的个人信息会被纠正或者运算法则在将来的某个时间能得到修正。

不仅仅是改变，而是一场革命

机器人已经能够彼此互动了。我们正处在一个新时代的开端：协作机器人能够彼此协作共同完成一项任务。我们已经从需要人类进行控制的机器人阶段过渡到机器人根据其运行环境控制机器人的阶段。除了能够高速运转之外，它们从来不会生病、不会请假，也从来不需要涨工资，而且也不会与“同事”争辩。人类怎么与其媲美？

“工作的终结”已经不是第一次被宣布了。几个世纪以来，这种预测总是不断地重复。从农业时代过渡到工作时代时，当工厂装配线被引进时，当机器人开始在装配线上操作时，以及当个人电脑让很多办公室工作都过时时，相关的预测就会被提出来。慢慢地，越来越少的劳动者可以生产出越来越多的产品。而随着工业自动化水平的提高，工作岗位也不断地消失。当然，工作岗位整体的平衡还是向上的。所有的结构性改变所带来的工作机会总是要比失去得多。

工业 4.0：是希望还是虚幻？

工业 4.0 通常用来表述第四次工业革命的来临（见图 6–1），其特征是自动化与机器人的兴起，以及智能机器彼此沟通能力的不断提升。工业 4.0 是物联网的基础。想象一下用你的智能手机在线订购一辆汽车，然后这辆汽车能自动驾驶到你的门口，甚至它在路上可以自动加油。或者想象一下，你有一台这样的冰箱：你的牛奶存量不多时它完全可以自动订购。这些未来的场景就是物联网的世界。

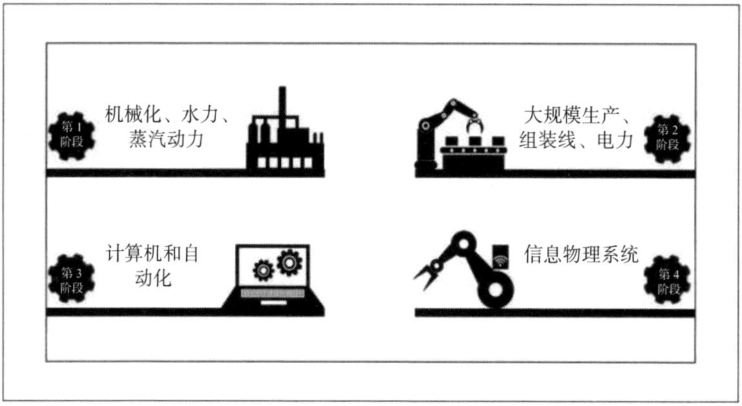

图 6–1　工业革命的 4 个阶段

随着技术的全面、快速发展，工业 4.0 时代日益迫切，而正确的判断、及时的应对是从中获益的重要基础。我们认为，最有可能更快适应下一阶段技术发展的是中小型公司。

当然，人们对工业 4.0 的预期也不断升高。根据世界银行全球ICT（信息、通信、技术）发展中心的首席技术官克丽丝·艾伦·维恩（Chris Allen Vein）的说法，“物联网是世界经济游戏规则的改变者——能加速生产、克服基础设施缺口以及驱动创新”，但它又是一个需要足够成熟才能发展起来的进程。

不过，从很多CEO以及公司的管理中，我们发现，具体需要实施哪些步骤来推进物联网进程，需要投资多少、如何启动，以及去哪里招募搭建这一系统所需要的人才，都存在着很大的不确定性。

机器人替代它们的创造者

我们现在所经历的根本变化是，机器人正从提高生产力的工具变成实际的产业“工人”。而且，正如我们曾提到的，它们不仅聪明智慧，还没有人类雇员的各种需求。如果我们可以对工作进行等级排序的话，那么机器人的工作岗位的安全系数应该是最高的。数字化革命可能对其创造者也会带来冲击，因为会有更多高薪酬的工作岗位变成无关紧要的非人工工作岗位。

作为一家德国公司，SEW Eurodrive（成立于1931年，是专业生产传动及变频控制设备的国际知名企业）是世界领先的专注于自动化驾驶的公司，它预测未来其工厂将全部实现自动化。该公司的一位管理人员在20世纪80年代半开玩笑似地说，终究有一天这家公司只会留下看门的人，其他工作岗位都不会是人工的了。事实证明，这种对数字生产力前景的悲观预测是错误的。尽管它能节省劳动力并且能把生产力提高30%，但公司雇员的人数还是保持相对稳定，因为其订单也在稳步增长。该公司未来的规划是整合商业合作伙伴、经销商和客户，打造成一家充分互联的生产工厂。

中国制造，德国教育与培训

中国公司对德国公司的技术和技能比较青睐。中国最大的机器人生产制造商新松机器人自动化公司，并购了德国一所领先的机械工程职业学校——陶德洛夫培训与焊接技术培训公益有限责任公司。作为销量占全球 1/4 的最大的工业机器人市场，中国对机器人技术人才有着很高的需求，未来其机器人年生产量预计将达到现在的三倍。为了实现这一目标，中国发起了一个高端、国家层面的制造业战略规划“中国制造 2025”，这将大大增加其对世界一流水平的机器人研发团队和高技术工人的需求。除了加强与职业技术学校的合作之外，新松公司还计划在未来两年开设 10—20 家国内培训中心。

就像新松公司一样，德国艾波比股份有限责任公司和库卡机器人公司在中国也面临着对机器人知之甚少的客户提供有效的教育培训的挑战。

对中国来说，促进工业机器人发展也是为了平衡日益加剧的劳动力短缺、工资上涨和人口红利的不断削减。

不要停留在过去的荣耀上

变革的加速，尤其是技术领域以及源于技术领域的变革，已经使得公司和个人都无法停留在过去的荣耀上了。苹果公司、Facebook、谷歌以及其他高科技巨头正在积极准备应对下一波创新浪潮和下一批小型公司带来的挑战。当然，除了科技公司之外，其他公司和组织以及个人也必须紧跟这一潮流。

让我们对比一下有着100多年历史、市值达230亿美元的希尔顿集团（中国海航集团在2016年10月购买了其25%的股份）和旅行房屋租赁社区爱彼迎，爱彼迎已经成为全球房屋租赁市场的引领者，其在短短8年时间里市值就达到了300亿美元。任何人、任何事物都不是安全无虞的。

巨量数据变成智慧

再以微软为例。这家公司到2016年已经成立了41年，却一直沉睡在互联网和智能手机风起云涌的浪潮之中。这究竟发生了什么？也许这是企业传统发展模式在硅谷被冲击的一个例子。现在这艘市值达到850亿美元的巨舰要调头了，至少从微软公司CEO萨提亚·纳德拉（Satya Nadella）的公司规划中我们可以看到其变革公司的设想。“我们的伟大目标将聚焦在人工智能领域，”他在微软公司的技术大会说，“我们完全可以利用好我们的海量数据，然后把它转变为智能。”

微软公司宣称，它将为工业4.0提供实施的平台。利勃海尔（Liebherr），一家德国的家电用品公司，正在研发一种能够通过传感器辨识并且说出所存放食材的电冰箱（顺便说一下，在20世纪90年代出版的很多书中都有此类描述）。一家德国的咖啡机生产商想在他们的咖啡机上使用人脸识别技术，这样就可以根据每个人的口味给顾客泡上一杯独特风味的咖啡了。

微软公司以前提出的“每张桌子都有一台电脑”的口号已经被“支持每个人以及每个组织达成更高目标”所取代。像其他很多竞争对手一样，微软公司正在运用云计算的力量，以使其能够成为外包数字信息和公司运营流程的中心平台，这样就能实现数据的在线存储、获取——不论何时与何地。

搭上中国的电子商务班车

为了获得云计算产业的市场份额，美国公司微软、甲骨文和赛富时不仅彼此竞争，还与德国软件公司思爱普展开竞争——这家公司于2016年第二季度和第三季度在中国云计算市场业务中连续实现三位数的增长目标。

美国分析研究公司高德纳公司预计，全球云计算行业在2016年将增长接近17%，达到2 004亿美元，而到2019年很可能达到3 120亿美元。

如何保护数据所有权

不冒风险，如何成功。很多云计算解决方案都是让公司把信息技术管理外包出去，这会大大增加中小型公司的负担。还有，虽然云计算对公司来说非常有利，但它也会带来新的风险和麻烦。很多公司和组织都担心离线数据存储会使数据更容易丢失，还会引发未经授权的数据获取、账号被窃取、网络冲击、政府干涉、法律责任以及无心或者恶意行为的攻击。然而，也有一些行业人士却指出，在服务器上进行远程存储数据实际还能降低风险，因为这些服务器都是由IT领域的数据管理专家所管理，他们在管理数据方面更细心、更专业，也能确保资源的安全性。事实上，根据云计算公司Cypher所发布的《2016全球云数据安全报告》，“64%的机构组织都把遵规守约、执行信息安全标准看作在云端保护数据的首要原因”。

虽然很多公司都在讨论本地存储还是云端存储哪个才是更好的选择，但有一点是明确的，那就是数据安全在未来的长时期内都将是一个重要的问题。数据安全，不论是在存储时还是在传输过程中，都是在无边界的数字世界里建立信任，以及在计算机技术越来越成为商业和人们生活不可分割的一部分的世界中保护数字资产及所有权所必备的。

促使知识民主化，而非创造精英群体的新工具

在过去的几十年时间里，技术从互联网、智能手机、电子商务和社会媒体扩展到了所有行业，并且进入了各种不同行业的生产部门，包括农业、教育行业、健康护理。现在，又进入了能够学习的机器和软件行业。人工智能则成为我们关注的焦点，它将会给人们、公司和组织带来巨大的发展潜能。

我们已经见证了人工智能在一些领域的实际应用，它们为每个个人提供信息、娱乐，甚至是明智的决策。亚马逊是第一家通过人工智能向客户提供排名查询的公司，使用者通过这种应用可

以查询人员、地点、日期、音乐、运动等，获取天气报告，查询菜单，还可以从你的音频库里筛选音乐。

谷歌为应对人工智能的挑战推出了Google Home①。微软的智能代言人则是微软小娜（Cortana），一个虚拟的智能助理，“它可以进行文字输入、语音输入，而且对你的情况有很深入的了解，包括你的背景和家庭。她对你的世界可以说是了如指掌”。它能控制你的手机和电脑上的应用程序，它还能回答简单的问题，比如“我需要带一把伞吗”“如何才能做一块薄烤饼”。它甚至还可以管理你的日历、查询数据信息、指引你到达你的目的地，追踪包裹和航班，当你烦闷时还可以陪你聊天。

人工智能带给人们的承诺也是很高的，它是知识民主化的工具，而不是只为精英群体服务的新工具。世界最智能的云能够为管理巨量的数据提供标准化的工具，而且使用极其快捷。可以说，它所提供的服务能瞬时满足客户的实际需求。它还可以减少硬件、软件和信息技术员工的成本支出。最终，它将实现万物互联，包括计算机、移动设备和物联网。

当前，美国公司在人工智能研究领域力拔头筹，麻省理工学院 32 号楼②里也时常发出“堪称世界上最具智慧的公司”的声音，但中国很快就要迎头赶上了。

① 一款智能家居设备，可以通过语音控制家庭设备。——译者注

② 也称 Stata 中心，是麻省理工学院计算机科学和人工智能实验室的大本营。——译者注

中国不会缺席

在中国，有 7 亿人（占其总人口的 52%）使用互联网，中国的互联网市场是全球规模最大的。印度名列第 2，大约有 4.6 亿人（占其总人口的 35%）使用互联网。而美国排第 3 位，其互联网使用人数是 2.86 亿（占其总人口的 88%）。

美国的互联网市场已经接近饱和了，而中国却有很大的增长潜力。令人毫不吃惊的是，中国的互联网公司还在飞速增长。而且中国的互联网行业也不限于中国本土了，它已经在与人工智能领域的全球科技巨头，包括微软、谷歌的 Alphabet（谷歌重组后的“伞形”公司）以及 IBM 展开竞争了。现在，曾经在中国还很稀缺的风险投资也涌入人工智能的初创企业。各个公司也在激烈竞争人工智能人才，尤其是对于能够在计算机上复制人类认知功能（比如辨识形象和语音的功能）的人才。

李开复是一家颇具开创精神的风险基金创新工场的创始人和 CEO，他筹集了 6.74 亿美元投资给专注于研发人工智能，开发企业软件和娱乐内容的初创企业。

麻省理工学院的技术评论把百度——中国的网络服务公司，排在 2016 年 50 家最智能公司排行榜的第 2 位，仅次于亚马逊。另外还有 4 家中国公司也榜上有名——华为（第 10 位）、腾讯（第 20 位）、滴滴出行（第 21 位）、阿里巴巴（第 24 位），接下来中国还会继续努力，争取成为这一领域的引领者。百度尤其为人称道的是它的语音识别系统，它对人们话语处理的精准度有时超过了人工。在与斯坦福大学的一次竞赛中，百度的语音识别软件完成速度要比人工在智能手机上输入文本快3倍。顺便说一下，百度的首席科学家吴恩达（Andrew Ng）是斯坦福大学的副教授，他加入百度就是因为百度对人工智能早期的密集研究和关注。①

在中国时，我们已经从使用出租车或者价格昂贵的酒店贵宾车转向了滴滴出行。滴滴提供的车辆不仅服务好还准时，车费也便宜。滴滴——这家叫车服务的龙头公司，现在已经并购了优步中国，并且逐步进入其他市场。当然，滴滴也曾经历过激烈的市场竞争，包括补贴大战。

滴滴的创始人程维认为，互联网竞争的上半场，即各个公司角逐终端与人互联的时代已经结束了："人们角逐的下半场将是人工智能。"

数字化革命的引领者

这是一个各种力量聚合的时代，掌控这种聚合力量也是领导者和管理者必备的能力。新兴经济体正在创造新的市场和新的需求。在地缘政治方面会出现大的变局，而在商业世界中这种变化也会表现出来。创新的步伐将会呈现指数级的加速，新技术已经瓦解了传统行业，并创造出新的行业。管理风险、复杂性、多样性和不确定性的要求与需要持续不断获得成功的压力对接在一起，不断地在为管理和领导技能设置新的、更高标准。

---

① 参见http://www.wsj.com/articles/china-gears-up-in-artificial-intelligence-race-1472054254。

我们询问史蒂芬·莱恩史密斯（Stephen Rhinesmith）——他为《财富》500强大公司提供咨询和培训的咨询师且每个月（是的，每个月）都要跨大西洋飞几个来回——要想掌控当前所面临的挑战最大的困难是什么。根据莱恩史密斯的经验判断，领导力所面临的真正挑战不仅限于应对机器人和数字化这类新技术。最大的挑战是，很多领导人无法预见到这种指数级的变化：

> 领导者所面临的挑战是认识不到那种根本性的变化。一个关键的事实是，我们今天所看到的技术进步将不会按照过去15年或20年的发展方式来进行。今天的领导者所面临的是双重挑战：首先要认清潜藏在他们商业领域的颠覆性变革，然后要明白这种颠覆性变革要比他们想象的来得更快。最高超的领导者一定要持续不断地聚焦行业颠覆性变革所带来的脆弱点，然后拿出应变措施重塑他们的商业模式。

史蒂芬·莱恩史密斯建议，对任何行业的任何公司或组织来说，领导者都要设定一项工作职责，那就是对他们的战略实施做出年度规划——如果无法做季度规划的话。这是预测技术将在哪里突破他们的业务领域、客户关系、竞争力或者他们的商业模式的根本。

在过去30年时间里一直在做全球化和全球领导力研究的莱恩史密斯确信，今天只存在两种类型的公司："那些知道自己被冲击的公司，以及现在还不知道自己被冲击的公司，"他认为，这也同样适用于面临指数级变化和颠覆性变革的情况，"在这里也有两类领导者：那些知道自己被颠覆的领导者，以及现在还不知道自己将要被颠覆的领导者。作为一个领导者，当面临变化多端、不确定、复杂、模糊的未来时，你无处躲藏”。

今天的领导者不仅要规划并维持他们公司的远期发展目标，还必须要适时解决运转过程中出现的各种问题。另外，公司CEO越来越成为公众人物，会受到各种媒体、博主的关注和评论，也会面临着各种监督。

难怪诺华制药公司的董事会主席丹·瓦塞拉（Dan Vasella）在麦肯锡所做的一次采访中说：

> 每一位CEO都需要有人倾听，而且还需要可以完全信任的倾诉对象。CEO们会能够对这些人说：“我真是受够了，我要辞职”或者“我真想把这个家伙打趴下”。你需要有人理解，而且还能帮助你寻找平衡。领导者经常会忘记稳定的情感关系的重要性——尤其是在公司外部。

作为多家《财富》500强公司CEO的私人顾问，莱恩史密斯认为，要掌控这些挑战：

> CEO必须把私人生活和公共生活分离开来。要明白，对你持续不断地监督、审视以及过度曝光会带来一些负面的评论。你要能坦然接受对你工作的各种批评，你是你公司的一个符号，代表的不仅仅是个人。

不再是一个选项，而是一个必备的战略

德国达泰卢森公司是一家欧洲领先的数字化教育解决方案终端提供商，它的CEO斯蒂芬 · 萨克斯（Stephan Sachse）认为，没有有组织的企业学习项目的公司将无法应对日益严峻的挑战。像史蒂芬 · 莱恩史密斯一样，萨克斯也确信，“一家公司的敏捷性以及其辨识、适应变化的能力是其竞争力的决定性因素”。他还认为：

> 做出恰当评估和决策的时间轴正在不断缩短。公司管理者需要基于公司员工的知识和技能体系灵活地组织培训和学习。学习不再是一个选项，它是公司的战略必备。一家公司的位置、员工和市场越具有国际化特征，它就越需要提供与世界接轨的企业学习项目以避开设计、发展和实用性方面的冗余与重复。
>
> 另外，如果需要增加公司的全球竞争力就需要优化成本。企业学习项目有助于把学习内容整合进工作流程以取代僵化的、耗时费力的面对面培训。这样传统的职业培训和学习成本就会大幅削减。
>
> 微型学习模块可以提供不受时间和地点限制的学习项目，它不仅限于一家公司的员工，也可以包括客户、经销商和潜在的新员工。风险管理和公司治理越来越成为个人能够学习成功的学习项目，也成为人力资源评估人才的一个重要支柱。
>
> 这其中的驱动力是技术、需求和人力资源方面的因素。

有专家估计，在2011年，大约有2 100亿美元用于企业学习，而在线学习就占到了20%。位于美国加利福尼亚州专注于研究全球商业战略和市场分析的全球行业分析公司，以及位于伦敦的投资银行IBIS资本公司都预估，企业学习的市场份额平均每年都有13%的增长率，在整体增长的教育市场中，它成为增长最为出色的一个分支。

在线教育有着浓厚的教育氛围，它不断影响着企业学习价值链增长的每一步。这种学习模式具有相对稳固、自我组织的特征，而且还把职业培训的责任从雇主转移到了雇员。只要企业领导者采纳新的技术，他们就能够创建一个学习型组织，在所有企业阶层中间形成学习交流的氛围。

未来不是一个大众教育的时代，而是个性化、个体化接受终生教育的时代。这种新型教育模式的载体将是精英教育和企业学习。而技术上的整合解决方案可以缩小学校教育与企业教育之间的差距。领导者和企业在多大程度能够掌控企业学习的变化速度将是一个关键性的问题。

未来的互联网：密码术和隐形传输

在20世纪80年代，媒体上开始讨论一个话题，即计算机技术将如何改变我们的工作环境。当我们——本书的两位作者——在1994年彼此相知的时候，个人电脑在我们身边已经有一些时间了，但它们的用途是有限的，人们只是利用它通过电子邮件交流，至少在幽静闲散的奥地利是这样的。尽管这个国家步调缓慢，探讨社会发展变局的书籍却不少。我们仍旧在等待我们之前所描述的场景能够出现：人们可以乘坐小型直升机自由翱翔，每个家庭都能自主管理，人们可以使用人性化的机器人。无人驾驶汽车开始出现了，但据报道，研发者还需要解决一些漏洞。我们仍旧需要付给研究人员很高的酬劳，因为他们需要去图书馆在报纸上查阅、分析材料。我们还在使用传真机收发信件，但让我们自豪的是，我们拥有了一部手机。我们在《高科技，高感触》一书中是这样描述的："有一天，所有的电话都将是免费的。" 7 年之后，也就是 1999 年，当这本书写完的时候，离这个现实仍旧很远。

虽然我们两位作者的想象力可以走得很远，但我们真正熟悉互联网还是在正式的研讨会上。根据 internetworldstats.com 网站的数据，在 1996 年 12 月，只有 0.4% 的世界人口，也就是 1 600 万人使用过互联网。而且尽管我们撰写了《大趋势》——该书对社会的发展转向信息时代给予了极大的关注，但我们当时并没有身处其中。

在 2000 年 12 月，上面的数字达到 3.61 亿，而到 2005 年 12 月，全世界有 15% 的人口已经能够上网，也就是说网民突破了 10 亿人。创建于 1998 年的谷歌开始走进公众视野，并慢慢地渗入家庭电脑。在 1996 年，当我们撰写《定见未来》时，我们在美国的研究人员已经失业了，让位于看起来平常却"所向无敌"的研究机器。

互联网改变了我们工作和交流的方式。它对全球 GDP 贡献出了极大的份额，而且它也成为创造工作机会的催化剂。小型的或者一个人的互联网公司成为非洲中产阶层崛起的支柱。没有这些数据的平稳交换，我们的全球体系基本上就要瘫痪了。

安全性，不仅涉及数据的不间断运行，数据的平稳、安全传输也至关重要。针对工业 4.0，公司主要的关注点之一就是，当与第三方提供商合作以及当把相对分散的数据来源整合到实际应用时的网络安全问题。

史蒂芬·莱恩史密斯曾经有一个比较夸张的说法，他确信今天只有两类公司，而这就是今天的现实。在我们生活的所有方面，在商业领域、政治领域以及军事领域，全球的网络武器都在持续增长。而现在我们仍旧处在这股发展浪潮的早期阶段。

掌控大数据

谷歌董事会执行主席埃里克·施密特（Eric Schmidt）于 2011 年推测每 48 小时人们就会交换 50 亿千兆字节（1 千兆字节等于 10 亿字节）的信息。施密特说，现在两天之内人们交换的数据就达到了自从人类有交流以来的第一天到 2003 年全部的数据交换量，其规模简直无法想象。

可以说，这个星球上的每一位科学家所面对的都是海量数据的急速增长。关于大数据究竟有多大，2016 年 10 月 6 日的《德国时代周报》对此进行了描述：

> 欧洲核子研究中心是欧洲的原子核研究机构，它是世界最大、最著名的科学研究中心。它最成功的研究之一是证实

了希格斯玻色子（又称希格斯玻基本粒子）的存在。为了实现这个研究目标，欧洲核子研究中心的科学家不得不研究分析5 000万千兆字节的数据，这些数据相当于是从Netflix[①]网站下载一部时长达5 707年的独特电影。

人类大脑工程（The Human Brain Project）是由欧洲23个国家发起创立的组织。它的目标是搜集关于大脑的所有数据，并且要在计算机模型中重新创造大脑活动。要实现这一目标，仅仅在2016年就要搜集66.9万千兆字节的数据。如果打印出来的话，这些数据足可以打印一个厚达34 950千米的纸堆。

位于华盛顿州和路易斯安那州的两座先进的高能干扰引力波天文台搜集数据长达14年才发现了引力波的存在。这些数据达到了50万千兆字节。对同样的数据量而言，你可以在Dropbox[②]上存放25万个文件（每个文件达到2千兆字节）。

看一个相对比较小的数据——每个月搜集8 300千兆字节的数据，它是评估地震前兆地面振动所必要的数据。对同样的数据量来说，我们可以下载电影《土拨鼠之日》（*Groundhog Day*）4 882次。

数据可以影响并改善我们生活的各个方面。早在2006年，瑞典斯德哥尔摩的工程师就开始用大数据来管理交通。不到三年的时间，这个城市的平均开车时间就减少了一半，而尾气排放量也

① Netflix是一家在线影片租赁提供商。——译者注

② Dropbox是文件同步、备份、共享云存储软件。——译者注

差不多减少了 1/5。

在德国的达姆施塔特市，有数千个探测器在探测行人按交通信号灯按钮，以及公共汽车向专门的交通信号灯发射信号的频率。他们还用电磁感应圈进行测速，用 180 度的交通摄像头监控车辆（对车辆进行拍照并且存储车牌号码）。搜集上来的数据用于每隔 300 毫秒更新交通状况，其目的是告诉驾驶员他们以什么样的速度行驶才能一路绿灯。

作为大数据载体的血液也能用于健康护理，至少可以通过液态切片诊断病情。医生通过一个很小的样本就能发现病人身体里的肿块，而不需要冒险提取身体其他组织。医生还可以通过专门的软件来对比分析健康人的DNA（脱氧核糖核酸）数据和病人的DNA数据，从中发现病人器官的病理变化。

弗朗哥·莫雷蒂（Franco Moretti）是加利福尼亚州斯坦福大学的文学教授，他主持了一个研究项目，这个项目就是要用软件分析 1700—1900 年出版的所有故事发生地都在伦敦的 1.5 万部小说，要提取出小说中与伦敦公园、广场、街道以及桥梁相关的文字，从而分析总结出每个地点对人们的情感所产生的影响。让人毫不吃惊的是，伦敦塔[①]很长时期以来一直让人们感到恐惧。而你可能会推断说，如果没有这些数据，莫雷蒂说，我们就无法知道，

① 伦敦塔是英国伦敦一座标志性的宫殿、要塞，选址在泰晤士河。詹姆士一世是将其作为宫殿居住的最后一位统治者。伦敦塔曾作为堡垒、军械库、国库、铸币厂、宫殿、天文台、避难所和监狱，特别关押上层囚犯，最后一次作为监狱使用是在“二战”期间。——译者注

即使社会现实状况在1800年之后已经发生了变化，但能够代表伦敦的地方依然没有变化。

“即时翻译器”是一个可以帮助绝大多数人的大数据应用程序。今天，谷歌翻译和其他翻译服务都可以至少提供一个单词或一个短语的基本翻译。对多种语言的网络音频数据数十亿次的分析构成了训练自动翻译的基础，它在数年之内就能实现即时的日常翻译工作。

若要预测下一次犯罪将在哪里发生呢？不论你是否认可，预警系统都是往这个方向前行的重要一步。数据库存储了过去数百万份犯罪的详细记录，通过分析这些记录，就可以判断出某种类型的犯罪活动在某个地点继续实施的可能性。这就像地质学家预测地震和余震的过程一样，犯罪分子在一个地点获得成功后是有可能很快再次“光临”的。使用预警系统，执法人员能够对危险区域进行标记，然后选择对其进行更密切的监控。①

大数据是21世纪的启蒙运动?

大数据对提升我们日常生活蕴含着巨大的机会，但如果滥用数据也会存在着很大的风险，这一点是毋庸置疑的。标记一个犯罪频率较高的地点会导致种族定性吗？它有没有可能触发房地产价格下跌，或者不利于某个地点商业行为的开展？自动翻译系统对外语学习中丰富的文化体验会有什么影响呢？血液分析的数据会使一个人的医疗保险费提高吗，或者雇主以及未来的伴侣不再

① 参见2016年11月5日《德国时代周报》。

看重这些数据？

在歌德的诗《魔法师的学徒》（*The Sorcerer's Apprentice*）中，扫帚从赐福变成了灾祸。那个魔法师的学徒还有一位可以帮忙的师傅，但我们只能靠自己。

从比特到量子比特

现如今，我们可以随意不受规模和特性限制地交换数据。而接下来人们要做的就是要确保数据存储和交换的安全性，到那时，安全问题将不再会是一个重要的问题，或者说至少它会变成一个不让人那么担心的问题。

如果我们前瞻三四十年，那么我们所讨论的最小数据存储单元将更可能是量子比特。就像一个比特一样——它代表的是1或0，可以被解读为“对”或“错”，“是”或“否”等，一个量子比特也可以代表1或0。而且，量子比特还可以代表着1和0的叠加。这样的话，一个量子比特的存储量就能达到一个比特的2倍。未来的互联网将基于量子效应和量子比特，将会取代我们当前的技术。

奥地利量子物理学家安东·塞林格（Anton Zeilinger）是对互联网的未来极具洞察力的科学家，他是这一领域的研究先驱。在2012年9月，他吸引了全世界的目光，当时他带领的一个国际研究团队在143公里的距离上首创性地成功实施了一次量子隐形传输[①]，这

① 又称量子隐形传态、量子遥传、量子隐形传送、心灵运输，是一种利用分散量子纠缠与一些物理讯息的转换来传送量子态至任意距离的位置的技术。是一种全新的通信方式。——译者注

一纪录也打破了中国研究团队在那几个月之前创下的在97公里距离内进行量子隐形传输的纪录。(量子隐形传输涉及传输量子数据，比如说以光子的状态从一个地点传输到另一个地点。)正是因为这个实验，安东·塞林格被冠以“光先生”的称号。当然，更重要的是，它为一个全球新网络的创建打下了基础。在未来的全球新网络中，量子力学的效应将使得我们的信息交换更加安全。[①]

量子技术将开创一个通讯的新纪元。它具有100%的防干扰加密特性，数据泄露、黑客攻击、银行间谍和其他网络犯罪将不会再有生存的土壤。

在这个激烈的竞争舞台上，包括谷歌、IBM这类的公司，美国宇航局、美国国家安全局等机构，以及几乎所有国家都投入数十亿美元的资金用于获得竞争优势。然而，石破天惊的是，这次行进在最前面的既不是美国也不是俄罗斯，而是中国。随着首颗量子科学实验卫星的发射升空，中国在量子通讯领域已经站在了世界的前列。这颗以中国古代哲学家墨子来命名的小卫星，是2016年8月16日凌晨1时40分在位于内蒙古戈壁沙漠的酒泉卫星发射中心发射的。

在成功发射了600千克的“墨子号”卫星之后，中国不仅吸引了全世界的关注，还借此表明它追随其他国家脚步的时代已经过去了，它现在已经大踏步地走在了最前面。这个项目是2008年由量子物理学家潘建伟在中科院上海物理技术研究所开始研究的，

---

① 参见http://medienportal.univie.ac.at/presse/aktuelle-pressemeldungen/detailansicht/artikel/quantum-physics-at-a-distance/。

潘建伟曾经是维也纳大学安东·塞林格教授的博士生。参与这个项目的还有太空工程师王建宇，他和潘建伟都梦想着找到“一个全新宇宙”的门户。《南华早报》(*South China Morning Post*)于2016年8月16日对他们开创性的研究进行了报道：

> 这颗略轻于一辆Smart汽车的卫星，将探寻不同于爱因斯坦提出的宇宙。在这个宇宙中，一只猫可以既活着也死去，信息的比特（实际上是量子比特）能以超过光速的速度从一个银河系“远距离传输”到另一个银河系，互联网则能免受非法入侵，而计算器也能以超过全世界所有超级计算机总和的速度运算。

欧洲失去了成为第一的机会

安东·塞林格的维也纳团队在这一领域跨出了第一步，早在20年前他和他的团队就发现了超密编码。在1998年，他们首次使用纠缠光子研究量子密码学。

中国和奥地利的研究团队还将展开密切合作。来自维也纳大学和奥地利科学院的奥地利科学家团队将提供接收终端。接下来他们还将会对全球量子通信网络的实际应用做最后的测试。未来的几个月里，在首批光子加密信息从北京传输到维也纳之时，中国在这项技术领域的成就将会举世瞩目，而且这项技术在中国军事领域的应用也将是独树一帜的。

这是中国跨出的重要一步，同时中国在向世界表明：中国在技术发展领域也可以引领世界。另外，中国将会把相关研究成果应用到人民军队中，这会极大地提升其非对称作战能力，即它对军事战略和力量差异明显的对手发动战争的能力。如果中国能在虚拟技术和宇宙空间开发上领先世界，那么它将有能力在敌人有机会发动反击之前就将其彻底摧毁。

在这一领域，正像安东·塞林格所说的，中国并不是真正依靠关系以及安东·塞林格和他以前的学生潘建伟之间的私人沟通，才促成了中国和奥地利研究团队在卫星工程领域的合作。另外，不论西方国家喜欢与否，这项工程再次显示了中国体制的强大效率。正像2016年9月29日的《德国时代周报》在一篇题为“北京连接”的文章中阐述的：

> 中国政府根本不知道什么是长时间的争论、初始调查以及呆板的实施过程。它认为重要的、正确的事情就是，集中全部力量向前推进。

欧洲的结构问题

实际上，这并不是欧盟国家失去了才智，而是社会结构出了问题。当塞林格15年前向欧洲航天局提议进行这项卫星工程研究时，他们虽然表示了兴趣，却没有做出最后决断。正像塞林格所说的，“……欧洲结构出了问题。并不是有人反对它，而是实施起来旷日持久。欧洲本来是有机会成为第一的”。对科学研究来说，时间就是一个无法承担的奢侈品。

区块链和比特币：银行和世界经济的革命

谢天谢地，思想还是人类所独有的。我们都有思想，但在很大程度上，拥有智慧的思想是一回事，而把这一思想转变成现实又是另一回事。在大多数情况下，在思想和实施之间的障碍是资金。而获得资金的常规渠道是银行或政府。

银行的历史可以上溯到公元前6世纪，据有记载以来的第一笔支付订单是在巴比伦王国产生的，后来到了公元前4世纪，希腊出现了银行业。希腊特拉派茨银行主要经营支付业务并接受资金委托。瑞典的斯德哥尔摩银行①是17世纪第一家最接近中央银行的银行。

在工业革命期间，银行业迅速发展，承担了个人和经济部门之间中介的角色。个人资产不再毫无用处地存在家里，而是投资给能把他们的思想变成现实的企业家们。

从人到运算法则

年龄大一些的人们都会知道，以前的银行都是依靠个人关系对贷款人的实际情况进行了解和判断的，甚至有时候还要依靠信任和勇气来判断一笔贷款是应该发放还是拒绝，但现在这种模式发生了很大变化。

---

① 1656年，一个出生在立陶宛的银行家约翰尼·帕姆斯丘奇（Johan Palmstruch）在斯德哥尔摩成立了斯德哥尔摩银行，并且在1661发行欧洲最早的纸币。——译者注

在与企业家交谈时，有一个普遍性的观点，那就是只有那些不缺钱的人才能获得资金。或者说，为了有资格获得贷款，你需要有能很快变成现金的资金或者重要资产。自从《巴塞尔协议III》以及《巴塞尔协议IV》（针对银行资本充足率、压力测试和市场流动性风险的全球性监管框架）实施以来，一场新的监管风暴没有让金融服务变得更安全或更好，却设置了即使最出色的思维也无法解决的障碍。现在，信用评估所基于的判断不是来自你的银行经理，而是掌握在运算法则手里。

现在，金融行业正在处在一个十字路口；这是一条毁坏之路还是一条转折之路，取决于它如何应对这个问题。区块链——支持加密货币比特币的技术，将有可能给金融服务行业带来革命性变化，包括如何借钱、如何存钱、如何交易以及如何跟踪资金。而且比特币有取代国家货币的可能，包括取代美元、欧元和人民币元。比特币的一个主要特征是，它可以通过“挖矿”获取，但数量是有限制的，这样国家就无法仅仅依靠印钞的方式来应对其在金融管理上的失能。我们可以想象一下货币操纵时代的终结。当然，现在美国难逃操纵货币的罪责（通过它的量化宽松政策），而有一些美国人也在批评中国诸如此类的做法。

未来将开放资源、开放标准、开放治理

金融的未来是建立在一个新的开放资源、开放标准和开放治理的基础之上，还是仅仅依靠已经存在的分布式账本技术？区块链，按照IBM的解释，是一个“共享的、稳定不变的交易记录账

本。它是建立在信任、责任和透明基础上的新一代交易应用”。

区块链使网上交易和资金跟踪成为可能。资金可以是有形的/实体的，比如说灯具、房产、汽车和画作，也可以是无形的/虚拟的，比如说许可证、合同、专利、股票和数字音乐。区块链网络可以连接所有的市场参与者，从供应商到制造商再到经销商，最后到达客户。区块链的特征是能提供端到端的清晰可见的共享式分类账本。区块链能够增加透明度和可审核性，而这两个特征是在市场中培育信任和信心、简化资金追踪和审核过程的重要支柱。

合法的土地所有权和世界贫困人口的其他产权的解决方案

很多人对用区块链技术来核查财产所有权比如在贫困国家的房产和汽车，而不是用法律条款作为财产所有权的证据抱以极大的热情。在 2016 年 6 月，格鲁吉亚司法部宣布富瑞银集团、格鲁吉亚共和国国家公共登记处和秘鲁经济学家赫尔南多 · 德 · 索托（Hernando de Soto）合作，共同设计和实验一个区块链土地业权登记项目。富瑞银集团的首席执行官瓦莱利 · 瓦维洛夫（Valerie Vavilov）看到了这个项目的三大优势：

> 首先，它能增加数据库的安全性，这样就能避免腐败现象发生。其次，用区块链为国家公共登记处赋权，公共审计员能够进行实时审计……再者，可以减少登记过程中的摩擦，因为人们可以使用智能手机进行登记，区块链在中间担任了公证人的角色。

这一项目计划于2016年年底启动。富瑞银集团希望格鲁吉亚能成为利用区块链进行土地产权登记的展示窗口。

《区块链杂志》（*Bitcoin Magazine*）在2016年6月20日公开提出了以下问题：由私有公司管理运营的私人区块链如果使我们依赖于第三方，那么它是不是毫无用处？它利用的仅仅是已经存在的分布式账本技术吗？区块链能否提供比特币不具有的解决方案，比如遵守《健康保险可转移和有效性法案》中的条款、阻止洗钱并且要确保符合KYC原则[①]？

区块链的运算平台以太坊的联合创始人维塔里克·布特恩（Vitalik Buterin）认为，“对整个体系来说，私人区块链毫无疑问是一个更好的选择”，但“即使在体系背景之下，公共区块链仍旧拥有自由、中性和开放的价值”。

Decentral[②] & Jaxx的创始人安东尼·迪·约里奥（Anthony Di Iorio）认为：

> 私人区块链是通过搭建能够核验内部交易的群体或参与者来利用区块链技术的一种方式。就像在集中式系统中一样，这种方式也会带来安全漏洞风险。因此，如果你使用的是以挖

① 即“了解你的客户”原则，是反洗钱实务领域中的一项非常重要的内容。包括洞察和了解该客户的一切主要情况，了解其业务及财务管理的基本状况和变化；对于大额出账和走账，手续上必须按照不同额度设限，分别由基层行双人验核或由上级行独立进行复审、批准。——译者注

② 提供区块链和比特币咨询服务以及软件开发，同时也负责运转在多伦多他们办公室里的双向（单向只可以买币，双向买卖都可以）比特币ATM。——译者注

矿哈希算力来确保安全的公共区块链，那么你可能会冒更大的风险。

私人区块链有它们的用途。它们运转得更快，交易更便利，而且不会有可扩展性问题。它们有安全方面的优势，当然也会有安全风险。

依赖可靠的数学运算逻辑还是暴露在人类缺点的冲击之下?

中国在比特币的世界中发挥了巨大的作用。在所有的比特币交易网络中，有超过70%的交易通过4家中国公司完成。“对比特币软件和技术的任何改变，它们都有很大的否决权。”《纽约时报》写道。在2016年5月，中国互联网巨头百度和中国的银行合作投资了美国的比特币公司。《纽约时报》认为，比特币走到了两大阵营的交叉路口：平民主义者关注扩展比特币的商业潜力，而精英分子关注更多的是保护比特币作为现有货币的激进挑战者的地位。

站在珠穆朗玛峰上开拓新边界

在2016年6月，理查德·布兰森（Richard Branson）在他加勒比海上的内卡岛（Neckar Island）上主持召开了由30位精英人士参加的为期3天区块链峰会，会议主要讨论、推动前沿性创新，以及驱动转型技术的发展。

参加者包括欧洲议会议员马利埃他耶·沙克（Marietje Schaake）、商品期货交易委员会前主席吉姆·纽瑟姆（Jim Newsome）、维珍银行公司航空工程师贝丝 · 摩西（Beth Moses）以及我们的中国朋友中国并购公会创始会长王巍。

2015 年 5 月 18 日，王巍在北京开创了第 4 家金融博物馆，主要聚焦于金融科技和区块链。有超过 1.5 万人参观了为期仅 5 个月的展览，包括 20 位部长和市长。在中国比特币这个新领域，王巍是早期的推动者之一。他相信，比特币是一个重大的变革，就像宋朝在公元 1024 年前后在四川出现的纸币一样。

关于中国在比特币发展中所发挥的作用，《连线》杂志称之为“货币的文艺复兴”。在 2013 年的春天，王巍成功地把中国金融博物馆的旗帜插上了珠穆朗玛峰的峰顶，之后在同一年的 11 月，在他的其中一座博物馆组织召开了比特币论坛。一些企业家认为，如果中国有一天成为数字货币世界的中心，那么就需要对比特币进一步提高认识和理解。现在，中国在数十亿美元的比特币市场中已经发挥着核心作用，而世界的其他国家好像对比特币和区块链并不了解。根据区块链初创公司区块链分析公司（Chainalysis）2016 年的数据，中国占所有比特币交易的 42%。为了更好地了解区块链技术，王巍和 12 个商业合作伙伴创建了中国区块链应用研究中心，以此支持区块链研究、培训和应用。之后，在浙江省创建了研究中心的第二个分部。由中国区块链应用研究中心主办的论坛也吸引了 1 000 位青年商业人士和政府领导的参加。

为了进一步开拓区块链的应用，王巍邀请了利马自由与民主智库的主席赫尔南多 · 德 · 索托——设计和实验格鲁吉亚区块链土地业权登记项目的参与者之一——向中国听众分享他的思想。赫尔南多 · 德 · 索托以研究非正式经济而著称，他预计，格鲁吉亚没有合法登记的不动产“不生息资本”高达 20 万亿美元。

第七章

掌控教育挑战

我们非常有幸在有生之年经历了社会和技术领域的巨大变革，但我们将无法看到在整个21世纪这些社会和技术如何展开并有可能成熟发展。

我们也见证了互联网和社会媒体所带来的益处和缺陷，这些技术使教育和人们之间的沟通、交流变得便利，但如果应用不当，这些技术也有可能让我们的思维变得呆滞、让人们变得更少人性，并且让人们与真实的世界分隔开，这些真的让人很吃惊。正如我们《高科技，高感触》一书中所指出的，为了维持一个良性的平衡状态并且掌控这个新的高科技世界，我们人类需要拥有独特的品质。不论是从专业技能方面考虑，还是从维护政治体系方面考量，都需要有责任心以及良好教育背景的公民和政治家，因此，教育是其中的关键性因素。

教育由过去还是未来所塑造？

在现实中，作为6个子女的父母以及14个孙辈的祖父母或外祖父母，在过去的几十年时间里，我们经历了教育需求的多种变化。我们经历了为了生活而学习到终生学习的转变。而且我们还见证了飞速的技术进步。同时，随着信息和交流技术的进步，经济社会发展的效应被不断放大，我们再以传统的方式来应对这种变化已经是不可能、不切实际的了。

教育思想和方法的匹配

虽然我们都有学习能力，但我们吸收、理解信息和知识能力的不同取决于信息是如何呈现的以及我们每个人是如何接受那种信息呈现方式的。哈佛大学认知和教育学教授霍华德·加德纳（Howard Gardner）辨识了7种独特的智能（更多的说法是8种智能）。他的研究理论认为，学生们拥有不同的思维模式，因此，他们学习、记忆、完成作业和理解的方式也各不相同。他总结认为：

> 我们都是以不同的方式认识这个世界的，通过语言、逻辑数学分析、空间表征、音乐思维，用身体解决问题或制作东西，了解其他人以及我们自己。

虽然他的理论可以追溯到20世纪80年代，但很多教育体系还是基于每个人的学习方式是相同的。事实上，通过采取能够适应不同学习风格的方案，教育体系能够帮助学生更好、更全面地发展潜能，以及培养拥有各种不同天赋的学生。虽然加德纳的理论受到了质疑和批驳，但从基本层面上看，这个理论还是有效的。拥有音乐思维和逻辑数学思维的学生的学习风格是不同的，那么对这些不同学习风格的学生来说，为了能达成最佳教学效果，教什么以及如何教也是不同的。

比如说，音乐学习涉及对音乐节奏和声音的感觉。学习上的提高可能会来自学习时播放的背景音乐。（一些父母，包括我们，可能都会记得是训斥我们的孩子时所说的话：“你在屋里听着那些音乐还怎么学习？”）对那些用音乐来思维的学生来说，解开一个魔方和让一个数字思维更发达的学生记住一场歌剧的咏叹调一样困难。逻辑数学思维的学生思维方式是不同的，他们有很强的模式识别能力、概念性和抽象的思考能力。这些学生更容易学会逻辑游戏，擅长解决谜题或者从事调查工作。

不论你相信什么理论，居住在哪个国家，教学都是要到生活中去的。我们新加坡的一位朋友正在使用这种方法来教生物技术。生命科学教育培训项目培养的都是本地的精英人才。对犯罪案件的叙述让学生们变成了法医医生，并且解决这个案件要用到生物技术方面的课程。

在芝加哥，我们的儿子约翰（John）把角色表演融入历史教学之中，课程被改成剧本，然后由学生来表演。想象一下，如果让学生扮演罗伯斯庇尔（Robespierre）[①]或玛丽·安托瓦内特

---

① 法国革命家，法国大革命时期重要的领袖人物，是雅各宾派政府的实际首脑之一。——译者注

（Marie Antoinette）[①]，他们将对法国大革命该有多么深刻的了解啊——或者还可以再想象一下让学生扮演毛泽东和蒋介石。

教师素质至关重要

不论学校的一般情况、教学要求和教学改革进展情况如何，对学生们来说，一位优秀教师所发挥的作用至关重要。他既能让学生们劲头十足，也有可能让学生消极厌学；他既能够唤醒天才，也可能会埋没人才。在世界上的每个国家，教师的素质都起着决定性的作用。

在我们书《全球大变局》中，其中一章就涉及两个大“E”：教育和经济。要想取得经济发展，教育则是必备之根基。在过去一些年里，我们与数千名学生谈过话，我们明显感觉到，他们对于如何在迅速变化的工作环境中谋求自己的一席之地而备感焦虑。我们也碰到过很多尽职尽责的教师，他们总是想各种办法来排解学生们的压力，尤其是亚洲的中小学生和大学生——韩国的学生更甚。当然，如果学生们无法通过考试，如果国外某所名校录取的学生数量在下降，负有相关责任的教师也会有压力。

教师们也会面临着挑战，他们所开设的专业课程可能无法与学生们未来的工作相匹配，因为学生们未来会从事尚未创造出来的工作，使用尚未出现的技术。那么在这些教师们的教学生涯中，谁来培训他们呢？谁来判断他们应该获得哪些终生的知识和技能呢？

---

① 法王路易十六的王后。——译者注

指责之声不绝于耳

你可能会认为，教育的重要性和面临的挑战会让政府、企业、教师和父母亲紧密团结起来以应对这些需求。不幸的是，成功的压力越大，指责和抵制变化的可能性也会越大。

虽然我们每个人都认为，现在的教育体系很难培养出应对高科技经济和未来世界发展的国际一流人才，但对于这其中的各种原因却众说纷纭。比如，在美国，很多人都责怪学校或教师，他们认为教师对学生们的表现承担着独一无二的责任。一些教师则认为，这些问责是不公平的，因为情况会随着经济社会环境、父母亲、学生态度等等的不同而大相径庭。有一些人会责怪内在因素（包括正规课堂里有智力发展不健全的学生），或者在标准化测试上花费的时间太多。也有一些人认为，可以通过择校来填补教育缺口：允许家长让孩子择校，这样好的学校就能够蓬勃发展，而差的学校就会被自然淘汰。还有一些人认为，责任在家庭教育，因此一些家庭对孩子不加约束，让孩子把大量的时间浪费在游戏、上网交际、看电视上，这些才是问题的根源。

在很多欧洲国家，包括美国，促使教育改革向更高、精、尖发展的不是劳动力市场的需求，而是源于全球性的竞争和社会发展。这样的改革也会面临着巨大的阻力，尤其是工会的阻力，很多教师和教授也会因工会的压力而设阻。教师应该是沟通过去和未来的桥梁，还应该是教育和经济社会发展之间的桥梁。但他们的工会——经常会用过去的眼光看待这一切——正把这些桥梁拆除。现实情况是，如果没有教师的支持，即使最有成效的改革也难以实施，这不仅对政治人物，对我们所有人来说，这都是一个毁灭性的事实。

教育改革的持续推进已是迫在眉睫，但在大多数情况下，我们都毫无作为。像新加坡和北欧国家这样的好例子就在我们身边，却被普遍忽视。

尽管表现结果一般，但教育花费比以前更高昂了，尤其是美国，虽然与此同时，中产阶层的收入在停滞不前。这必然会导致家庭财务风险的增长。中国也面临着同样的状况，“二孩”政策的放开并没有导致预想的婴儿高出生率。对很多中国人来说，如果再要一个孩子，很难保证能给孩子好的抚养和教育环境。

压力和竞争

自从邓小平改革开放以来，中国已经认识到了教育的关键性作用，但这并不意味着问题已经解决了。中国幅员辽阔，发达地区和欠发达地区有很大的不同，教师素质的差距问题也难以解决。另外，教学体系仍旧以考试为指挥棒，而且答案只有对和错。学生们的独立思考能力没有得到足够重视。而对这一切，我们是乐观的。各种提高教师素质的行动，尤其是在农村地区，都在展开。从西藏到四川再到北京，我们参观访问了很多实验学校和传统教育机构。和美国、欧洲相比，这里的教育状况更复杂，因为中国还面临着双重体系带来的挑战——诸如学校教育和医疗保健等社会权利会受出生地的制约。而且我们在中国所有的地区都看到，学生们所面临的压力要比他们的父辈、祖父辈以及学校和国家所预想的压力大得多。

从投资的角度来看，教育赋予了巨大的机会，从幼儿园到大学再到MBA（工商管理硕士）。

韩国的情况却大不相同，这个国家的竞争和压力甚至更大。一天16个小时的学习时间是很普遍的，因为家庭教师和私立学校会给孩子进行额外的辅导。每隔5年，教师也会在学校之间轮换，以便给教师提供在不同特色的学校进行工作的机会。教师也要接受评估和考核，主要通过测试成绩、参加的研讨会和培训、学校的综合排名进行评分。对韩国人来说，竞争和压力从来都不是新鲜事，因为他们在学校和毕业都会面临这些挑战。即使韩国教师在他们的职业生涯中也会充满竞争，直到退休（也就是65岁之后）。

不上大学，就找不到工作?

虽然我们自己的子女和孙子、孙女天赋各异，但他们所有人都取得了大学毕业文凭。很多人认为，取得一个大学学位是在今天社会中获得成功的关键。这基本上是美国、欧洲和中国很长时间以来的共识。事实上，很多年来，对欧洲教育和就业市场的讨论通常聚焦于专业化，也就是说，教育的核心目标是高等教育全民化。

如果你看一下上过大学的劳动者的收入水平就会明白，这个目标是可以理解的。根据麦肯锡2013年的研究分析报告，虽然四年制的大学毕业生差不多有一半正在从事的工作都不需要学士学位，但那些上过大学的毕业生其平均收入要比那些只拿到高中文凭就进入劳动力市场的高84%，更别说那些连高中文凭都没有的人员了。另一个支持高等教育全民化的理由是，在社会的很多领域，学历教育和社会荣誉是紧密相连的。另外，数字化和全球化也给我们工作的世界增加了复杂性。

虽然高等教育全民化被高度重视，但在多大程度它是合理的是可以商榷的。如果酒店的服务人员和医院上了年纪的护士能自豪地拿出毕业证，但他们的收入水平还赶不上那些只经过职业培训就能胜任这些工作的劳动者，那么谁又能说学历超值呢？在20世纪70年代的美国，只有不到1%的出租车司机和消防员拥有大学本科学历。但到了2013年，这一数字超过15%[①]。在过去的几十年，类似家庭照理、公共卫生清理这类的职业只需要经过职业培训就能做得很好，现在却需要大学学历了。

一些人可能会认为，上大学可以提高一个人的知识和洞察力，能增加毕业生的工作能力，毕竟大学毕业生的失业率还是非常低的。还有一些就业者则担心，大学毕业生蜂拥进入劳动力市场会导致人才过剩，最终会导致他们的失业率增加。

---

① 参见美国大学学费与绩效中心（US Center for Affordability and Productivity）的报告。

从全民接受大学教育到教育机会平等的转变

大学并不是所有人的最佳选择，尤其是你认为大学教育花费不菲时。实际上，我们的目标不应该是全民接受大学教育，而应该是教育机会人人平等。教育的选择不应该是社会条件，而应该是一个学生的学习热情、目标和成功追求高等教育的合理预期。

回溯一下教育的历史，我们可以看到，国家层面和企业界之间的割裂状态，它们各自都有自己的等级体系。职业水平与社会地位是紧密地联系在一起的，上层阶级与大学密切相关，同样下层阶级和职业教育也密切相关。社会的心理、思维模式仍旧没有变化；学术氛围和很多人（包括大学教授）的思维习惯，并不是容易改变或者容易接受改变的。

德国的状况堪忧，它的学徒式培训比较稀缺。工业产业需要那些能把思想变成现实、能够制造机器并且能够让这些机器保持运转的就业者。在一份名为“为工业 4.0 培训熟练工人”的研究报告中，德国一家商业协会的管理者沃尔克·法斯宾德（Volker Fasbender）说：“要想在数字化未来中把所有的潜能都释放出来，对工业出口国向工业 4.0 转变的国家来说，必须要有教育素质良好的劳动者。”学校教育与实际工作经验相结合的“双元制”教育[①]。为德国的工业地位增加了竞争优势。

---

① “双元制”教育类似实习，是指青少年既在企业里接受职业技能和与之相关的专业知识培训，又在职业学校里接受职业专业理论和普通文化知识教育，这是一种企业与学校配合，实践与理论密切联系的职业教育制度，目的是培训具有较高职业素质的专业技术工人。——译者注

领导者太多，跟从者太少?

考虑到不断变化的人口因素，很多企业都在争相寻找合适的企业管理候选人。虽然大学可以培养出素质良好的领导者和管理者，但专科大学和综合性大学却很难培养出能够直接负责公司运营的毕业生。考虑到这一事实，评价一个国家的教育成功仅仅依据它是否为所有人提供了大学教育，是值得怀疑的。

如果我们对比一下一个国家在全球竞争指数中的排名与大学毕业生的比例，我们可能就会看到，它们之间没有直接的联系。瑞士是全世界竞争力指数的排头兵，但它的大学生毕业率仅仅是20%。另外，它的人均国民收入位列全球第 2 名，达到 51 582 美元，仅次于卢森堡。

德国在全球竞争力排名中位列第 4，其大学毕业生的比例也仅占 17%（年龄从 25 岁到 64 岁）。大学毕业生比例占到 53%、每个学生的教育费用也处于最低行列之一的俄罗斯，其全球竞争仅仅排到第 44 名。

在中国，城市区域 70% 的年轻人都要就读专科大学或者综合性大学。虽然中国在国际学生评估项目（简称PISA）排名中表现不错，中国的企业却面临着缺少熟练劳动者之痛。比如在上海的造船厂，电焊工成为中国薪酬最高的熟练工人。

虽然中国对国际学生评估项目的评分排名是引以为豪的，但针对电子和工业技术人员的相对比较专业的国际学生项目评分，只有很少一部分中国人才能达到他们的竞争对手德国的水平。

在经济与合作发展组织的排名中，韩国大学毕业生是排第1位的，但与此同时其竞争指数排名位列令人失望的第26位。

在经济与合作发展组织大学毕业生的最高成就排名中，日本名列第一，紧跟其后的是芬兰、荷兰、瑞典、澳大利亚、挪威、比利时、新西兰、英国和美国（第10位），但在位于前列的排名国家中没有哪个国家在传统的大学排名有出色的表现。

教育是一个很复杂的主题。全世界的教育体系都需要结构性的、综合性的改革。而且它们需要从国家和企业界的割裂状态转变到合作状态以平衡专业学习和工作实践的需求。

对教育进行系统、综合性的改革和重新定位已经迫在眉睫，而成功的教育改革是经济与社会发展的必然要求。在几乎所有国家，教育系统都会面临着各种问题，包括受无端漠视、政治派别意见不合之累，还有各方利益冲突、信誉问题、缺少资金以及不愿革故鼎新等，可以说，教育就是各种临时解决方案的混合产物。我们的子女和孙子、孙女们将会为此付出代价的。

为什么创造、创新至关重要

一个国家最有价值的资源是孩子们的天赋。从经济和社会发展来考虑，没有什么能比提供最好的教育条件来培养这些孩子们的天赋更重要了。

但什么才是最好的教育条件?

在向数字化世界迈进的进程中，数学和分析思维越来越受重视。数据科学和生物技术名列中国最受欢迎的职业。难怪在教育领域一个整体的发展方向是：削减“无用”的课程设置，包括外语、艺术、历史和音乐，而把更多的资源投入数学、阅读和科学课程之中。但我们将会失去什么呢？伟大的绘画和雕塑作品将由谁来完成？谁来创作伟大的交响乐曲？谁来设计令人惊叹的摩天大楼？谁可以成为未来的天才梦想家？更为重要的是，谁来设计令公众无比狂热的下一代汽车，就像大众甲壳虫、兰博基尼或者保时捷 911？

教育的目的，或者至少应该，不仅仅是生产制造驱动工业 4.0 的机器齿轮。我们人类的教育培养目标就是创造力，而创造力思维是由多样化的知识和实践经验构成的。

想象力比知识更重要

在所有的经济与合作发展组织国家中，在解决问题时需要有创造性能力的工作比例有了明显的提升。TED迄今为止最受欢迎的演讲并不是关于技术的，也不是谷歌创始人谢尔盖 · 布林（Sergey Brin）和拉里 · 佩奇（Larry Page）的演讲，而是当时名不见经传（至少在当时是）的创造力专家肯 · 罗宾森（Ken Robinson）所做的演讲。他的演讲提出了这么一个问题：“学校会扼杀创造力吗？”

肯 · 罗宾森的演讲之所以会受到如此关注可能在某种程度上是由于他是一个出色的演讲人，但他成功的最大原因是人们认同他关于创造力是掌控职业挑战之关键的观点。肯 · 罗宾森讲的是一个众所周知的事实，但他却在一个与众不同的场景下把这些事实说了出来。一个普遍性的现象是，学校在课程设置上都有一个相同的层级架构：数学、语言、自然科学，然后，在排序的末尾，如果有的话，那就是艺术类课程。音乐和绘画看起来好像是削减成本的第一批受害对象。

学生是训练有素的智能机器的一部分？

在18世纪，德国皇帝腓特烈大帝（Friedrich the Great）对建造一台由一支训练有素的军士组成的军事机器的想法甚是着迷。当时的教育是有限的，但腓特烈害怕农民的孩子在接受教育后就想到城市过小职员的生活。当时，军事、司法和政府的职位是为贵族们保留的。不过，因不能参加战斗而退役的军士，却可以在乡村学校教农民的孩子以备到军中服役。

在认识到受过良好教育的男学生能成为更出色的士兵和战斗者之后，奥地利女大公玛丽娅·特蕾莎（Maria Theresa）于1774年在哈布斯堡王朝的国家实施了义务教育。然而，早在那大约200年前，也就是1592年，法耳次–茨魏布吕肯家族（Pfalz-Zweibruecken）的德国领地受加尔文主义精神的鼓舞，就为男女学生实施了义务教育。

不过，德国公国的义务教育要比中国的第一所公办中学晚了大约1 500年。这所中学是由汉朝的文翁创办的，文翁当时是蜀郡太守，他创办学校的目的是让四川的孩子们接受正规的教育。这所学校的校舍是由石头砌成的，因此被命名为文翁石室。文翁石室是一所坚固而防火的房子，在那个年代是非同寻常的。

大约 2 150 年之后，我们来到了石室中学，这所中学已经在中华人民共和国成立后，于 1952 年改了一个平淡无奇的名字——成都第四中学。它属于四川的一所实验学校，是中国最好的 100 所高级中学之一。看起来好像，普鲁士的一些军事遗产已经在中国落地了。在出早操时，腓特烈大帝的军士们也无法像石室中学的学生那样有如此标准的动作，差不多有一千学生在几分钟之内就能排成整齐划一的早操队形，然后，仅用几分钟就又都消失在教室里。

在中国的中学和大学进行军事训练期间，当你看到经过良好训练的像士兵一样学生的整齐队列时，你脑海中也会浮现这是大量训练有素的“智能机器”的想法。

令人吃惊的是，即使创造力不是中国教育体系的首要目标，但在国际学生评估项目关于问题解决素质的测试中，中国学生的成绩也是最出色的。

不幸的是，过度关注测试结果却有一个潜藏的危险。中国的教育体系造就了一大批测试成瘾的人。任何测试结果都是一个即时的反馈，最好的情况就是能够证明学生的素质优良。测试是能够进行量化和评估的，它能给人以自信，但也能摧毁自信。中国已经开始着手实施教育改革，有望能够给教育体系带来真正的变革。北京大学和清华大学决心要超越哈佛大学和斯坦福大学，但它们需要打破自己的DNA：就像其他国家一样，中国将不得不克服官僚作风和过时的、向内看的公共学校体系。30 年前，中国通过革新教育体系证明它有能力治愈一个被破坏的体系。这一次中国也可以。

科学想象的关键

创造力是获得职业成功的关键性因素。2014 年美国软件公司 Adobe 基于对受过美国大学教育的全职雇员 1 000 次采访所做的研究项目“创造力和教育：为什么它如此重要”显示，有超过 96% 的专业人士认为，创造力是经济增长所必需的。78% 的被采访者认为，创造力对他们的职业是来说是相当重要的，还有甚至 78% 的被采访者说，他们希望能有更多的创造力。[①]

创造性思维的定义是，能够“跳出固有的思维模式”，还通常被描述为“能想出创意点子的能力”。创造性思维并不局限于从事创造性工作的人们。

科学和数学对创造性思维的贡献率之高（分别达 69% 和 59%）令人吃惊，而艺术类课程，像艺术（79%）、音乐（76%）和戏剧（65%）则名列前茅。很明显的是，像以前一样，这一结果也说明了科学想象力的关键是重视知识和艺术天赋。

恰当判断的重要意义

我们以前讲过这个故事，虽然这个事例比较独特，但它只是我们讲过的关于在学校体系中忽视天才的很多故事中的一个。

---

① 参见 www.creativityatwork.com。

这个真实的故事是在20世纪30年代的英国布罗姆利发生的，在那里有非常严格的学校制度。有个叫吉莉安（Gillian）的小女孩，一直烦躁不安，不能聚精会神。学校已经成为她和她妈妈的梦魇。吉莉安无法安静地坐着，她的护身符——“如果不让我动，我就无法思考”，实际上也无法得到老师的谅解。如果在今天，这种症状就可以诊断为注意力缺陷多动症障碍。在那个年代，注意力缺陷多动症障碍还不是学习障碍最普遍的解释。她的妈妈把她带到了一位专家那里。这一天很可能就是吉莉安一生中最幸运的一天。

这位医生听她的妈妈很悲伤地讲述吉莉安不能集中精力学习以及在家庭作业和学校课堂中出现的情况。吉莉安自己却一句话也不说，只是静静地待在一边，漠不关心。医生告诉吉莉安，他和她的妈妈需要单独聊一会。他把收音机打开，然后就和吉莉安的妈妈去了另一个房间。在那个房间里，通过一扇镜像玻璃窗户，他们看到吉莉安正随着音乐跳舞。“我认为你的女儿根本就没有任何毛病，”医生说，“我认为她是一个舞蹈家。”

这是一次正确的诊断。吉莉安成为伦敦皇家芭蕾舞团的著名演员，后来她又创立了自己的舞蹈队。她被英国女王授予了大英帝国女爵级司令勋章。她还为安德鲁 · 劳埃德 · 韦伯（Andrew Lloyd Webber）[①]的音乐剧《猫》和《歌剧魅影》做了舞蹈编排，并由此确立了其全球声誉。到今天，她已经90岁了，而且还是一位千万富翁。

---

① 安德鲁 · 劳埃德 · 韦伯，1948年3月22日生于英国伦敦，音乐剧作曲家。——译者注

爱因斯坦的直觉与逻辑表达

如果没有科学的想象力，阿尔伯特·爱因斯坦绝对不会站起来反对他那个时代建立起来的科学。毫无疑问，爱因斯坦所取得的成就在很大程度上是由于他杰出的逻辑和数学思维，但这只是他天才头脑的一部分：

> 在审视我自己以及我的思维方法时，我得出的一个结论是，上天赋予我的想象力对我来说要比从知识中获得的天分更为重要。科学所有伟大的成就都起源于直觉的知识。我相信直觉和灵感……有时我感到我肯定是对的，虽然我并不知道这其中的原因。
>
> ——爱丽斯·卡拉普丽斯（Alice Calaprice），《爱因斯坦语录》（*The Quotable Einstein*），2000年

如果爱因斯坦（他在1921年到访过英国）在今天目睹了英国教育政策有把人文学科从大学课程设置中拿掉的倾向时，他会作何感想？当爱因斯坦听到，贝尔法斯特大学的副校长——在不久前还把毕业文凭交给年轻的历史学者——发表评论说我们的社会“并不需要一个研究6世纪的21岁的历史学家”，他又会作何评论？

在削减成本和提高科学效率的双重压力之下，对于学生应该如何满足现代世界的需求催生了一个新的评估标准。社会学和人类学现在已经变得无足轻重了。

牛津大学的文学教授海伦 · 斯莫尔（Helen Small）并不赞同这样的观点不，她认为："人文学科还是有用的，因为它们可以在政府界定和评估学科有用性的过程中对政府施加压力。"

我的语言受到限制就意味着我的世界受到限制

选择学习现代语言的学生越来越少，文学的文化方向少数精英才会学习。在德国，学习现代语言的学生数量已经下降了 34%，而英国的几所大学，包括布莱顿大学、利物浦大学和伍尔弗汉普敦大学已经把语言学习压缩成"语言课程"或者"趣味语言"。

德国哲学家路德维希 · 冯 · 维特根斯坦（Ludwig von Wittgenstein）的精神去哪了？维特根斯坦在英国度过了他的大部分岁月，他认为语言的重要性在于理解和塑造他周围的世界。他的精神体现在他 1919 的著作《逻辑哲学论》（*Tractatus Logico-Philosopicus*）中："我的语言受到限制就意味着我的世界受到限制。"

填满一桶水，还是点燃一团火

知识和表达自己的能力是知识经济时代的重要支柱。但是，正如一些国家所表明的，只有良好的教育是不够的。天分需要一个能够滋养的环境才能展现并发挥出它的潜力。当马丁 · 路德传道时，他指的是上帝的话语（来自《圣经》），但从一个更宽泛的意义上说，我们可以把它当作为我们这个时代提供的建议："这是一切问题的根源，当我们做好每一件事时，'道'就会为我们打开通天大道。”

在教育领域，其中一句最著名的引用来自爱尔兰诗人威廉·巴特勒·叶芝（William Butler Yates）。当然，可能这句话并不是他最先说的：“教育，不是填满一桶水，而是点燃一团火。”卢修斯·梅斯特里斯·普鲁塔克斯（Lucius Mestrius Plutarchus）[①]是一位希腊哲学家，在成为罗马公民后，他把自己的姓改成了普鲁塔克（Plutarch），他在《道德论集》（*Ethica*，亦作*Moralia*）的《论听讲》（*Listening to Lectures*）篇中直言道：“人的头脑并不是一个需要填满的容器，而是需要点燃的火把。”

不论叶芝是不是和普鲁塔克拥有同样的思想，还是仅仅转述了普鲁塔克的说法，这都不是真正重要的，重要的是这一思想如何去实现。

在过去一些年里，我们有机会和几千名高中生和大学生（主要是在中国，也有在韩国、美国和澳大利亚的学生）谈话。很多时候我们都谈到了如何才能填平机械学习和独立思考之间的鸿沟。这不仅是中国所面临的挑战，过时的课程以及对21世纪需求的难以满足是很多国家所面临的问题。当然，不论是中国还是世界其他国家，教师的教学素质都是学生们是否能学好的一个重要因素。

---

① 罗马帝国时代的希腊作家，哲学家，历史学家，以《比较列传》（又称《希腊罗马名人传》或《希腊罗马英豪列传》）一书闻名后世。他的作品在文艺复兴时期大受欢迎，蒙田对他推崇备至，莎士比亚不少剧作都取材于他的记载。——译者注

中国和美国：在两种不同文化中教学，会面临同样的问题?

当我们谈到美国教育的时候，实际上谈论的有些事情是并不存在的。美国有 50 个州，它们都有自己的规章和制度。虽然各个州政府的治理方式各有不同，但实施教育确是各个州的共识。

中国的情况却不同，因为中央政府规划好了学校的整体方向，各个省是必须要遵从的。在接下来的叙述中，我们将会探讨两个国家的中学。想要了解教师是如何开展教学的，最好的方法就是同教师沟通、交流，因为他们每一天都会在教室里和学生们一起面临着各种各样的问题。我们所沟通的中国和美国的教师都是在大约有 3 000 名学生的中学里教学的。

在美国，我们询问了一位“伊利诺伊州 2007 年度优秀教师”，他还被授予了“总统优秀教师勋章”，以及荣获了“伊利诺伊州 2013 年度和 2015 年度优秀网球教练”。他指导了欣斯代尔中央中学男子网球队在 2012 年、2013 年、2014 年和 2015 年赢得了州赛冠军，并且荣获“美国中西部地区 2015 年度全国优秀网球教练”。如果这位教师无法点燃一团火，谁又能呢?

欣斯代尔中央中学坐落于芝加哥郊区，大约有 3 000 名学生。这是一所非常出色的中学，曾是“美国 100 所顶级中学”之一。这所学校差不多有 20% 的学生都是亚裔美国学生，在这所学校的少数族群中人数是最多的。这位教师的名字叫约翰 · 奈斯比特，你们可能已经猜出来了，他就是小约翰 · 奈斯比特，虽然他从来不这样叫自己。他就是我在前面章节中讲到的那个能把历史活生生地带到现实生活中的教学能手，他就是在这所欣斯代尔中央中学教学的。关于美国教育的现状或者未来发展方向和目标，他可能会给我们一个更准确、更现实的图景。

美国教师对教育的思考

文 / 小约翰 · 奈斯比特

21 世纪的美国教育正处在一个十字路口。我们是继续采取机械记忆事件、日期、动词、周期表、科学公式和统计数据的教学模式？还是开创一种聚焦于通过合作式的场景设置以学生为主导从而进行探究和基本理解的新教学方法？数据已经表明，后者在所有美国的课堂中取得了重大进展。

以学生为中心学习模式的概念并不是新颖的。这只是着重强调一下。埃德加 · 截尔（Edgar Dale）① 认为，我们只能记起我们听到的 10% 的内容，但我们对教过的内容的记忆可以达到惊人的 95%。如果这个数据是准确的，那么把教师当作“讲坛圣人”的传统教学模式不仅是过时，而且还是无效的。高效的教学模式必须是以学生为主导的学习过程：学生与某个合作伙伴一起或者在学习小组中，通过探究以及基本理解来发现知识。

探究涉及要提出需要解决和理解的几个主要问题。这应该在一个单元学习的开始由老师和学生共同完成。以学习为基础的探

① 埃德加 · 截尔，美国教育家，他提出了“经验之塔”理论，对经验是怎样得来的，认为经验有的是直接方式、有的是间接方式得来的。各种经验大致可根据其抽象程度分为三大类（抽象、观察和做的经验）、10 个层次。——译者注

究涉及学习者自主地去理解学习内容。不幸的是，传统的学习模式经常是严格让学生听和复述，而不是问和创造。教师们需要接受该如何以最佳的方式组织、实施这一过程的培训。最终的结果将是，学生能通过提问来获取知识——这种学习思路和习惯对他们未来可能从事的职业也是有帮助的。（探究学习更高的层面也可能会涉及跨学科探究，比如通过历史、文学、艺术学科以及跨学科的方法来了解法国大革命。）

21 世纪的美国课堂的特征应该是持久理解（Enduring Understandings，缩写为 EUs）。持久理解就是陈述总结一门课程的核心部分以及课堂之外具有持久价值部分的重要思想和核心流程。持久理解能够总结学生应该理解的东西——不仅仅是知或行，因为它针对的是学生们特定的学习内容。今天一般意义上的核心课程就是这种假定的产物。像通过探究提出关键性问题一样，在持久理解的过程中，教师只起到辅助作用，而不是主导作用。

合作和协作的学习环境最终会给过去 50 年的教育模式带来根本性的变革。近几十年来，教育的基本模式都是学习单元模式。不论是两个学生还是一个学习小组，合作学习（根据大量研究）在增强学生记忆力和自我认同感的同时，也有助于开发学生更高水平的思考技能。

21 世纪将是一个以教师为核心的学习模式转变到以学生为核心的学习模式的时代，在这个时代里，探究和持久理解将是这个协作学习背景下的重要支柱。

中国：转变机械式的教学模式

为了更好地了解中国在实施教育改革中立场和看法，我们与一位在教学一线的教师进行了沟通和交流，她是我们在为《中国青年报》撰写双周专栏的三年期间认识的。昝亚娟——郑州第16中学的教师，在那时我们一直跟她保持着书信来往。郑州这座城市有超过600万的城市人口，它是河南省的省会，经济、政治、科技和教育中心。

这所学校有28个初中班，每个班级有50名学生。高中班有30个，每个班有65名学生。加起来，这所学校大约有3 100名学生，200多名教师。

昝亚娟关于教育改革的想法与她的美国同行有着很大的不同。在我们多次访问中学和大学期间，我们也看到了很多中国教师——他们都是在现有的教学体系和强调机械学习的教学背景下教学的，正在竭尽所能地减轻记忆性材料给学生带来的负担，因为学生们对这些材料可能根本都没有完全理解，尤其是有的学生对背诵和记忆根本就不擅长。

中国教师对教育的思考

文/昝亚娟

越是大城市，教育改革实施得越好。在农村，情况还是不容乐观的。另外，所在地区也会起到一定作用，沿海发达地区的教育改革就比内陆地区实施得到位。在发达地区，比如北京、上海、杭州和大部分的南方地区，计算机是有条件用于教学的。“以学生为主导”的教学模式在教育主管部门及学校校长的督促之下，正在从城市向农村拓展。

中国的教育改革必然会改变课堂教学方法。现在老师也在逐步鼓励学生以学习小组合作的形式进行学习。他们通过小组对问题进行讨论，并找到问题的答案。使用这种方法，通过自己探究而不是由老师自上而下地说教，学生们能够学到更多新的东西。

在过去，教学层级是分明的，老师是课堂的主导者。知识装在老师的大脑里，学生们只能听讲、记笔记，对知识点进行记忆。很显然，学生是在被动地学习。下课的时候，老师会布置作业让学生在家里完成。当然，现在学生们可以上网搜索信息。老师应该鼓励学生最有效地使用计算机，把计算机当作学习的助手，因为它已经成为我们现代生活的一个重要组成部分。因此，学生们要想同时代保持一致，就得学会使用计算机。

现在，老师正在改变在学习过程中的传统角色。在过去，他们会掌控整个课堂，教什么、如何教都由他们来决定。他们决定给学生布置什么样的作业，决定如何检查学生对学习内容的掌握情况。

但现在变得很不一样了。学生在学习过程中正在发挥主动性的作用。他们依靠小组合作探究新的信息。当他们遇到自己无法解决的问题时，再向老师寻求帮助。老师开始变成某种意义上咨询者和辅助者的角色。另外，学生可以通过老师事先准备的视频按照他们自己的节奏来学习。

一些学校可以提供选修课程，供学生们根据他们的兴趣来选择。选修课给学生们提供了扩展学习兴趣、发现爱好特长的机会，在某种程度上也有助于学生在未来职业选择上做出明智的决定。

现代科技在学习过程中发挥了一个关键性的作用。在现代媒体手段的帮助下，学生们的学习效率也会更高。通过互联网搜索、使用信息被看作是培养学生独立学习能力的一个有效方法。学生们可以通过计算机来完成作业，老师们也更容易了解学生们对学习内容的理解情况。学生们可以通过观看视频、操作游戏以及收听和他们学习相关的材料来完成学习过程。这样学习效率会更高，因为他们是通过不同的感知方式进行学习的。

我们该如何成长，如何发展

在我们为《中国青年报》撰写双周专栏期间，我们发现在中国教育改革中有一点需要引起关注，那就是：“我们该如何平衡学习和个人发展？”很多人都有相同的问题：“当从早晨起床到晚上睡觉都在学习和准备考试时，我该怎么发现我想要的东西，我该怎么追求真正的自我？”和他们美国的同龄人不同，中国的学生会感到更多来自家庭和社会的压力。

昝亚娟也经历过这样的问题：

> 在我看来，我们不应该只教给学生们书本上的基础知识——有些知识他们上大学后才有必要知道或者有必要进一步地学习。另外，我们还必须要教给学生如何自己做事情，

如何生活得更健康、更快乐。

但现在令人难过的是，尽管所有人都明白教育改革的必要性，但在中国教育仍然面临着很多问题。老师重点关注的还是理论性的机械记忆学习模式，而没有重视理解和认知，没有帮助青少年成长为一个平衡发展的人。另外，中国学生在课堂学习上花费了太多的时间，导致睡眠时间很少，无法休息好，也没有时间进行体育锻炼。根据我的了解，农村学生的学习时间要从早晨5点半持续到晚上10点半，这被看作在大学入学考试中获得好成绩的高效途径。

一个理想的学习环境应该是，学习应该只是学校生活的一部分。为了培养学生的创造性，要让他们学会一种乐器，还要懂得欣赏音乐。为了保持良好的体格，要让他们参加各种体育运动。要给学生们提供表现机会，这样他们就有机会尝试各种新的可能，发现真正爱好的东西，从而帮助他们了解在未来应该选择什么样的职业。要让学生感到学校生活丰富多彩，这样他们也会更加热爱学习。为了更好地应对日常生活，学生们也应该学会做饭。

最好的建议是什么

我们对教育改革是有一定共识的，虽然相关改革并不一定能够实施。但在这个广泛的领域之内，这并不是唯一的问题。一旦学生们跨过中学阶段，就会面临下一个大的决断，那就是中学之后该学习什么。

学生们只能从下面几个固定学科中进行选择的时代已经一去不复返了：神学、医学、法律、算术、几何、天文学、语法、逻辑和修辞。随着时间的推移，科技不断进步，新的世界不断被发现，各种新学科不断涌现出来。

在讨论什么样的方法才能达成最佳结果之前，我们需要回答一下，该如何从多种多样的课程中进行选择。至少在德国会面临着这样的情况。当然，这方面有很多建议，有拒绝的，也有赞同的。

分裂学科有意义吗

根据德国高等教育发展中心的数据，德国大学每年会增加大约700门新学科。从2006年到2016年，提供的学科数量从1.1万到1.8万门。学习评估网站学习核查（Study Check）列出了大约1.34万门学科。

大多数增加的学科，主要包括社会工作、计算机科学、商业研究和FOSTER（促进欧洲研究的开放式科学培训，旨在帮助各类查询人员使用科学研究、数据和分类的行动），基础性的学科数量则没有什么变化。有一门学科几乎涉及你所想象得到的每一个主题。问题是，把这些学科领域进行如此细分是否真的有意义。

令人眼花缭乱的学科

真正有意义的是什么？虽然有些学生可能对是否学习地理、应用地理、土地利用地理、土地利用冲突地理、地理教学方法、地理信息学、应用地理信息学、地理信息和地球物理学、地理环境科学、地球物理学、地球物理/海洋地理学、地理物理学和计量学感到困惑不解，但这些学科却正是一些工作岗位所需要的。

被分裂的不仅仅是地理学这个学科。英语言学，例如，也有13个变种。一些比较偏的单一学科，例如，咖啡管理从学科列表中被拿掉了（又一次）。市场竞争和需求将决定哪些学科值得长期保留。

在哈佛大学选择学科也并不容易，因为它的学科数量超过了8 000门。

选择你热爱的工作

决定学习什么是很容易受劳动力市场的需求影响的。然而，依据需求来规划职业往往会带来错误的选择。一些年以前，德国和奥地利对教师过剩提出了警告，而现在这两个国家又面临着教师短缺的状况，甚至在某些地区不得不付出一些代价。其实，对一个人来说，更好的建议是学习他感兴趣的领域，当然，他在这一领域有天赋会更好。孔子的建议在2 500年之后也并没有显得过时：选择一个你热爱的工作，你在一生中将不必被迫去工作！①

然而，面对如此多的选项要想做出选择，说比做要容易得多。有时，看一下在不同国家里哪些职业、哪些课程是最受欢迎的会有些帮助。

---

① 孔子的原话是："知之者不如好之者，好之者不如乐之者。"在这里作者对孔子的原话进行了意译。——译者注

根据《今日美国》的数据[①]，在美国最受欢迎的专业是：

1. 企业管理
2. 普通心理学
3. 护理
4. 普通生物学
5. 教育和职业发展

中国最受欢迎的专业是：

1. 销售
2. 房地产
3. 金融
4. 物流
5. IT

算法之王

从供应和需求看，很多人都希望他们感兴趣的和拥有天赋的领域是数学和分析思维这些高需求的领域。从高薪的IT工程师到新一代的“马克·扎克伯格”，所有的选项看起来都是开放的。不过，可能没有其他任何地方能像旧金山南部的硅谷一样，拥有得

① 参见http://college.usatoday.com/2014/10/26/same-as-it-ever-was-top-10-most-popular-college-majors/。

天独厚的人才优势和发展机遇，当然和其他地方的差距也是天壤之别。

百万富翁不计其数之地

硅谷的亿万富翁数量大约是 55 人，而百万富翁就不计其数了。这里是美国最富裕的社区之一，从很多方面看都代表着美国的未来。在这里，你会发现苹果公司、超微半导体公司、洛克希德马丁公司、惠普公司、美国艺电公司、思科公司、谷歌、安捷伦科技公司、美商巨积公司、英伟达公司、Netflix、Facebook、甲骨文公司、特斯拉公司和赛门铁克公司，这些只是规模最大的公司名字。和普通工作者相比，硅谷大部分的 IT 雇员都能得到丰厚的薪酬回报，而且其工作环境也堪称一流。即使其中等水平的工作岗位，比如市场管理，每年的收入也会超过 15 万美元。

但当我们关注一下这些 IT 公司外包出去的工作时——这些工作种类包括服务员、清洁工、驾驶员、园艺工人、房产管家，情况就大不一样了。好消息是，这些工作数量的增长要比美国其他地区快三倍。坏消息是，这些工作的人均年收入平均水平仅仅有 2 万美元。由于高昂的住房和生活成本，这些工作人员只能从能够负担得起的邻近区域乘公交车上下班。

公司员工人均净利润之间的差距要比个人收入差距还要大。Facebook 人均净利润是 280 万美元，而麦当劳的员工人均净利润差不多是 6 万美元。当然这一切可能也会发生变化，因为麦当劳现在正把重点放在与客户交互的各个环节的数字化运营上，包括电子商务、服务提供、制作加工。

如果仅从收入和社会地位方面来考虑，看起来要学习的最佳学科应该是计算机技术、编程、数据科学或者相关的学科。至少从现在来看，世界的未来，至少在硅谷，还是算法为王的。

人人上大学，人人有债务

大学教育有两个主要的门槛：能否入学、能否负担得起。在世界范围内，到 2025 年，高等教育的学生数量预计将翻一番，达到 2.62 亿人。几乎所有的增长都来自于新兴经济体，有一半来自中国和印度。在美国，2014—2015 年，有超过 2 300 万的学生入学攻读本科学历。在 2013 年，美国大学生的平均花费是 29 436 美元。[①]

美国不仅大学入学率是最高的，其上学费用也是世界最高的。“1.2 万亿美元的大学债务危机是如何压垮学生、父母和经济的”是 2013 年 8 月《福布斯》杂志一篇文章的标题。据说，有 2/3 的美国大学生在毕业时都有数额不等的贷款，在数额最高的消费贷款中名列第二（仅次于住房抵押贷款），差不多相当于美国国家债务的 6%。到 2016 年，这些债务上升到 1.3 万亿美元，2016 级的学生人均贷款是 37 172 美元，和上一年相比上升了 6 个百分点。

根据美国国家教育中心 2016—2017 学年度的数据，美国大学将授予 1 018 000 个专科学位，190 万个学士学位，798 000 个硕士学位和 181 000 个博士学位。在 2014—2015 学年度，美国

① 参见 https://www.statista.com/topics/829/college-and-university/。

国家教育中心列出了美国大学生在学费、杂费、食宿方面的年人均费用是：公共教育机构是 16 188 美元，私人非营利教育机构是 41 970 美元，私人营利教育机构是 23 372 美元。

虽然父母和学生可以在未来学生毕业后收入的基础上承担这些费用，但也没有人能保证这些学生能够完成学业或者在毕业后能够找到一份薪酬不错的工作。我们有几个孙辈的孩子学得是人文科学，从事的是记者工作——这一类的工作都没有很高的需求量，他们现在即使做两份工作也难以租得起一个像样的公寓。

慕课还是普课?

数字化不仅使得把商品卖给公众更便利，也使得消费者可以更个性化地选择产品。在iTunes（苹果公司最热门的音乐应用商店）和其他线上音乐应用商店中，你根本不用购买一位歌手所有音乐的CD唱片；你可以下载单曲以创建你自己个性化的音乐库，并把这些音乐存储在云中，然后在你的智能手机上播放。你甚至可以设计你自己的运动鞋。当数字化给零售业带来革命性变化的时候，一个根本性的变化出现在了教育行业。2015 年，在印度这个大学生数量还很低的国家，创建了 591 家教育科技创业公司。[①]

在 2008 年首先出现的是慕课（MOOC），这种教育视频以较短片段的形式在全世界范围传送知识。和几百名学生在大课堂上

① 参见 2016 年 9 月印度《经济时报》（*Economic Times*）。

听课不同，这种形式可以让成千上万的学生参与到互联网课堂中。在 2015 年，全世界差不多有 3 500 万名学生注册了这种课程，比 2014 年的 1 500 万翻了一番还多。

课堂中心——来自斯坦福大学、麻省理工学院和哈佛大学的一家慕课评估机构，发布了最受欢迎的慕课课程排名列表。在 2016 年 10 月新开设的最好的免费在线课程中，名列前茅的是亚利桑那州立大学的“英语作文：研究与写作”；名列第三的是伦敦KLC设计学院的课程“色彩的力量”；排名第九的是瑞典乌普萨拉大学的“抗生素耐药性：无声的海啸”；比利时鲁汶大学的课程“当下健康问题咨询：以人为中心的实验方法”。当然，也有一部分是传统学科的课程，比如由莫纳什大学提供的“非律师法律：法律入门”课程。

高等教育的民主化

在 2011 年 12 月，斯坦福大学教授、谷歌研究主管巴斯蒂安·特隆（Sebastian Thrun）和彼得·诺米格（Peter Norvig）发了一封邮件鼓励收件人在ai-class.org网站免费注册学习相当于大学水平的人工智能课程：

> 这个课程是斯坦福大学CS211 人工智能入门课程。学生可以注册并免费学习这门课程……所有的学生都要完成相同的家庭作业和考试……和斯坦福大学的学生一样评分……

不到两周，就有 5 万人进行了注册登记，而当特隆和诺米格在udacity.com网站的视频中做了推广之后，注册人数迅速上升到16万人，遍布209个国家。

这些免费计算机科学课程是在2011年提供的，继而2012年在此基础上创建了优达学城。优达学城是一所营利性的私人在线大学，现在主要聚焦于为专业人士提供职业培训，这些专业人士经过培训能够在人工智能、虚拟现实开发、无人驾驶汽车工程师和商业预测分析等学科领域获得纳米学位[①]。

优达学城纳米学位的承诺是，毕业之后有望获得一份完美的工作，能帮助你选择一条恰当的人生道路，能得到项目团队直接的项目评估，能与指导教师直接沟通、交流，毕业能够获得一张行业领导者认可的毕业文凭，而且在以后的职业生涯中还可以获得支持与帮助。另外，不像大多数的传统大学，优达学城能够确保其学生在毕业后能找到一份工作。

缩小大学所教、企业所需之间的差距

然而，尽管慕课取得了这么多进展，前景也很广阔，但它还是面临一个很大的问题。根据哈佛大学的一项研究数据，平均只有5%—7%的学生能够完成所注册的课程。另外，关于学习的成果、成功率，以及课程是否能够真正满足学习者的需求，也越来越成为需要考虑的问题。

---

① 纳米学位是美国出现的新型学位凭证，这一类凭证专为企业定制并输送专门人才，能实现定制型人才的快速就业，它具有针对性强、技术难度不高、就业快捷、市场需求量大等特点。——译者注

这里的解决方案可以是普课（POOC）。个性化是普课模式提供学习的关键。它能在不受同伴干扰，同时又能与教师以及导师进行沟通的情况下促进学习，而缺少这些因素是慕课一个很大的劣势，因为在慕课学习模式下，学生的学习都是在封闭状态下进行的。普课可以通过实习、工作落实以及学习过程中的公司监管把学习与行业紧密联系起来。

我们到访过德国很多次，其中有一次我们会见达泰恩劳森公司的CEO斯蒂芬·萨克斯（Stephan Sachse），达泰恩劳森公司是一家提供创新技术解决方案的公司，与一百多家提供设计和数字化支持的大学和教育机构合作。萨克斯强调了企业界参与的重要性：

> 一个学生进入一个行业的路径已经不再是单向的了。考虑到合格的专家级人才越来越短缺，各行各业为了招募合格人才正开始尝试新的办法。办法就是数字化网络。它有助于公司在学生一入学就提供主动帮助，也能尽早就学生应该进行哪方面的学习和专业化培训提供可行的建议。
>
> 教育的数字化现在仍处于初级阶段，但它能够触及依赖并适应移动设备、社交媒体和数字化内容人数达到数百万的青年一代；他们很容易接受一个概念，并能够很快地与其他人分享。这些都说明，在教育领域，能够取代当前技术、产品或服务的颠覆性商业模式是切实可行的。

基于能力的获取，通过任何智能设备，在任何地方、任何时间，只要能够联网，我们就可以打开数不胜数的机会之门，而不用考虑社会、财务或者地理位置方面的因素。

连接一个学习型世界

Facebook的《2015国家连接报告》显示，到2015年年末，得益于联网的廉价、便利，全世界已经有32亿人在线上网。智能手机和平板电脑正帮助学生和教师更容易地获取数字内容，它们也成为促进学生学习的必备工具。

学习已经并且应该成为社会性行为。在线大学把美国和中国的学生、巴西和韩国的学生等等连接在了一起。学生们能够通过邮件、短信息、聊天软件和视频会议，全天候地进行相互帮助、合作学习。在全世界，总是有人在线，也总有人能够回答问题。这是一项不需要大学教授的服务。它提倡在同学之间进行主动地相互评分、评价，取得的效果丝毫不亚于教授们的评估。大学应该针对数字化教育想出应对之策。政府必须通过法律来保护在线课程的内容，并且要对其合法性做出相应调整以使这些内容能够在高中课堂上使用。

我们应该重点关注和投资的不是千篇一律的大众教育，而是个性化的在线教育。

第八章

掌控大众传播

大众传播是在同一时间内将信息通过传播或交流的方式向社会大众公开传递的过程。互联网超越了任何技术，使得大众传播无处不在，并且成为从工业时代向信息时代转变最强有力的驱动力量。现在，全球的组织机构和个体都可以实时地向社会大众传递信息、进行彼此交流。

克服主流思维和过时的思维模式

在前面的章节里，我们提到，从某种程度上说，我们都是“习惯性的物种”。另外，我们也都有从众心理，这也是群体癫狂、聚众滋事心理的根源，也是使我们难以做出决策的根源，不论是我们做财务决策还是决定加入某个群体抗议政府的某些政策。我们陷入了大多数人不可能犯错的假定之中。

从本源上看，主流思维会受到惯性的困扰，需要花费一定时间去适应。无数次都证明，大多数人和有影响力的个人都有可能犯极其严重的错误。站出来反对主流的意见也是需要一些勇气的。

今天已经不像尼古拉斯 · 哥白尼在 16 世纪反抗宗教教义那样危险了。在那时，哥白尼站起来反对把地球作为宇宙中心的地心说世界观。他把太阳看作太阳系的中心，提出了日心说的世界观，要知道他当时站起来反对的是他那个时代权威的机构——天主教会。

世界观的改变既撼动了科学世界，又摧毁了教会和世俗法律，这在历史上并不多见。当然，对于我们大多数人来说，并不是要去质疑天文学、物理或者数学的法则，我们需要做的是去质疑各种传统媒体、新媒体和自媒体施加在我们身上并引起我们关注、呼吁我们支持的主流观点、时代思潮的产物。

结构、秩序和大脑的高速公路

我们习惯于依靠常规来规范我们自己，来理顺原本混乱的事物。我们也习惯于以固有的模式思考问题，而且在一生中还不断得以强化。正如我们现在所知道的，我们的大脑是一个支持习惯的器官。随着时间的推移，我们的大脑就会以一种非常简单的方式形成一整套思维的高速公路系统，思想会沿着这个铺平的大道非常自然、极其顺畅地蔓延开来，在不知不觉中，我们的大脑就被操控了。

研究表明，大多数人都很容易接受一个重复多遍的故事或观点就是真实的和准确的。现在，有史以来，便利的通信系统使得驱动主流思想的故事和观点更加容易重复。结果，那些潜在的、危险的错误思想就开始主宰主流思想（一些错误思想，如美国是世界上最伟大的国家，中国人民还处于水深火热之中，西方国家是进步的唯一驱动力），不仅存在于某些外围组织中，还存在于一些主流媒体中。

当然，我们认知的起点通常都是主流观点。主流观点拥有强大的惯性，它是在剧变发生时发现新机会的绊脚石。除了主流思想的一般驱动力之外，我们内心深处非常自我的“主流”也是一股驱动力。法国社会活动家和哲学家弗雷德里克·勒诺瓦（Frédéric Lenoir）在他的书《关于幸福》（*About Happiness*）中描述了我们面对同样的情形，可以有很多感知方式：

> 看到一段美丽的风景，一位商业人士设想的是能不能在这个地方建造一家新公司，一个恋人想象的是他自己正在与爱相伴而行，一个幸福满满的人欣赏的是静谧的小山、绚丽的色彩以及自然界的和谐统一，而一个内心备受压抑的人看到的是秋叶缤纷，感受到的是一切终归沉寂。

思想和信仰，和我们的情感一起，塑造了我们与这个世界的关系。按照自古至今的分类方法，我们人类被分为乐观主义者和悲观主义者。我们的基本性格在我们如何观察这个世界以及如何与相应的世界观相协调的过程中仍旧会起到很大的作用。乐观主义者看到的是机会即将抓住，悲观主义者看到的是问题仍待解决。

从主流思维模式中自由思考

从理论上看，这句话并不是难以接受的。然而，不论我们看地缘政治的转变还是经济的发展，只要新的发展方向与我们个人的认知倾向相背离，我们就会感到内心的抵制。而且我们内心的心理情感涉入越多，看清事实真相就愈加困难。要想掌控大趋势，仅仅接受事实是不够的。因为当心理情感相互发生碰撞之时，理性就趋于消逝了。我们需要能抓住我们所看到的变化背后根本的思维模式。

另一方面，我们太受过于理性的定量思维的驱动。我们能理解可以衡量的任何事情。我们钟情于数字、科学和技术，并且能轻易地接受和使用这些领域获得提升的产品，但我们经常会忽视需要用来解释和扩展它们的想象力、创造力和直觉。

观察和行动的不同

有时，看起来好像否认变化之需求要比懂得该如何从变化中获益更容易。在认知和行动之间有一个根本性的不同。在“知道什么”以及“要做什么”之间差距的一个很好例子是教育。尽管迫切需要进行教育改革的认知在不断增强，但我们的教育体系在很大程度上还是基于机械学习和背诵的。我们只是承认了事实，但却没有在这些事实的基础上开展行动。而相关利益部门和组织却迅速地跳出来维护先前的成就。我们没有花时间从远距离观察、分析问题和情况，没有在以自我为中心的观点和客观地决定什么才是真正需要做的想法之间架起桥梁。我们内心的自我无法与变化的节奏保持同步，就如同外部世界发生的巨大变化挑战我们内心长期以来的观念和信仰一样。

更糟糕的情况是，当我们无法适应变化之时，就会把责任转嫁给他人，依靠其他人做出决策。就种对做什么的不确定性正在给政治和宗教极端主义提供生存的土壤。我们这个时代那些大吹大擂的领导人正在利用这些根本无法实现的承诺诱惑公众，而很多人已经被深深迷惑。当然，我们面前的这个世界并不是危险重重的，它蕴含着剧变带来的各种机会。自由和选择与个人责任的提升相伴而生。在很大程度上，我们要对我们的人生负责。我们可以抱怨环境，但这也是于事无补的。

在接下来的章节里，我们不仅要阐述参与者以及他们所施展的力量，还要对我们当前面临的危险和障碍进行分析。你可以把我们的指导当作一幅路线图来使用，这样你就可以做出你自己的阐释，而不用再受各种各样的需求和主流思想的控制。我们的观察基于的是内容分析和经验所做的研究成果。我们的判断并不是按照我们的意愿进行的——不论我们喜欢与否，而是我们看到了眼前所发生的一切。为了能够抢占先机，你不仅需要熟悉展现在你面前的大趋势，还要训练和培养能够帮助你掌控这些大趋势的思维模式。

大趋势，就其本质而言，指的是旧有的事物在一个时间段内被新兴事物替代的发展过程。掌控大趋势需要拥有接受变化并且能够迅速转变方向的感受能力。要想从一个新的大趋势中受益，你不能坐等趋势在你面前展现出来。大趋势可能与大众观点一致，也可能截然相反。大趋势离主流思想越远，它获得认可并且转变方向就越困难。不论我们是否意识到，我们都被大众媒体和主流思想包裹着。我们都在安静、平和、惬意地随波逐流。

这种惬意和自满会进一步强化我们寻求信息以支持我们固有的观点的倾向，而且还会妨碍我们去适应变化的环境。只要某个事物不符合我们的世界观或者个人观念，我就倾向于忽视或者舍弃一边。我们倾向于宁愿待在舒适区里，也不愿意逆流而上，勇敢地面对不确定性，或者改变过时的思维模式以及建立自己的信仰。

有时我们并没有意识到大众媒体在生成我们舒适区过程中的影响力，因为大多数媒体都是在主流思想的框架内进行报道的。它的流动和传播是全球性的，而且很容易追随。比如一开始是英国路透社（全球性的新闻机构）覆盖全世界的新闻传播。然后是你国家的新闻机构也会追随传播，你会发现首先是国际性的新闻机构，然后是全国性的新闻报纸连续不断地反复报道，差不多是同样的话语。重复得多了，大多数人就会倾向于相信并且接受，而不会考虑它的真实性以及发生背景。

并不是所有媒体都提供高质量的新闻

主流媒体报道的一个重点是使用一个强大的工具：恐惧。它在开始时总是在所有的新闻频道报道能引起轰动的内容。让人毫不吃惊的是，在即时性和吸引力方面，新闻和杂志很难与互联网媒体和社交网络相抗衡。新闻越标新立异，它所吸引的关注就会越多。媒体倾向于受到只有坏消息才是新闻这种信条的驱动。很多报道总是以这样或那样的方式刺激人们的恐惧神经，比如经济下滑、金融危机、难民危机、非法移民、犯罪和其他令人不安的事情。

当然，我们希望媒体人能够努力发现带有希望和乐观主义色彩的新闻，能给人带来乐观的、积极向上的心理感受而不是散播恐惧。不论你是在观看中国中央电视台的某个频道、韩国广播公司、韩国MBC电视台、首尔广播公司、美国有线电视新闻网络、美国福克斯广播公司，还是阅读《中国日报》《环球时报》《广州日报》《参考消息》《朝鲜日报》，以及*Tistory*（韩国人气很高的一个博客网站）、《京乡新闻》《华盛顿邮报》《纽约时报》《金融时报》，或者你家乡的新闻报纸，一些信息都已经被过滤掉了。这种过滤未必是错误的，但如果它对一方面夸大其词而忽视另一方面，或者针对一个有争议性的话题或事件编造一篇报道来左右受众的观点和判断，那么它就是有问题的了。

漏掉细节，所传达的信息就会改变

这里有个很典型的小例子：在英国“脱欧”冲击之后的几个月后，2016年8月9日，德国NTV电视台报道了DAX指数[1]突破了10 700点大关，是从52周以来的8 699的低点上扬的。但它仍

① DAX是德国重要的股票指数，由德意志交易所集团推出的一个蓝筹股指数。——译者注

旧比52周以来的11 561的高点以及2015年4月4日史上12 374的最高点要低一些。电视台的评论是，DAX指数正在上扬，而道琼斯指数（美国工业股票市场指数）却没有同步跟进。这给观众留下的思考是，DAX指数已经从低点恢复了，道琼斯指数需要跟上来。而真实的情况是，道琼斯指数已经达到了一个新的史上18 622的最高点，并且是从52周以来的15 370的低点恢复上去的，在相同的时间段内的，它的表现已经大大超越了DAX指数。

我们已经习惯于这种编造的报道，我们更容易停留在这些框架之内而不是去质疑它们。然而，如果你想要获得这个世界真正发生了什么的一个更加准确的图景，你就必须要进行宽泛的阅读，还有保持着一种怀疑精神。

即使本地报纸也需要全球性思维

在2017年，欧洲将会举行500周年庆祝活动，以庆祝500年前的1517年马丁·路德将《九十五条论纲》张贴在德国维登堡城堡大教堂的大门上。路德的名言“任何地方的不公平都威胁着全天下的公平……直接发生在某一个人身上的任何事情，都会间接影响到人类整体”，到今天还被人们反复传颂，也与今天的世界更加休戚相关——全世界的国家比以前连接更加紧密、更加相互依赖。

北非的政治动荡导致了欧洲的移民危机。美国抵押贷款危机威胁到了世界经济。冲击日本海岸的海啸摧毁了核电站，它所释放出来的放射物能够在美国的海岸检测到，也开启了德国核能的逐步淘汰进程。埃博拉病毒在西非的肆虐威胁到了全世界。不论一家新闻机构是本地的、国家的还是国际性的，它都至少需要考虑事件的全球背景，尤其是它相关的评论。

《纽约时报》是美国最受欢迎的报纸之一。要想了解读者需求，就需要发行人针对下面的调查结果进行一项分析研究：

> 我们了解到的是，现在人们比以往任何时候都要更关注《纽约时报》(具有讽刺意味的是，它刚刚从叫了多年的《国际纽约时报》这个名字改了回来)，当然这并不是为了看最新的新闻头条，而是帮助你了解一个复杂的世界……而且我们了解到，现在比以往任何时候人们都需要一份拥有全球性思维的报纸。

政治上的新鼓吹手

很多人阅读日报以及观看电视新闻频道是为了获取尽可能广泛的信息。但与此同时，很多千禧一代（那些在2000年长大成人的群体）却更愿意在拥有同样思维群体的范围内进行思考活动。

正像我们在前文所言，他们倾向于在他们已经拥有的、确定的观点、意识形态和世界观范围内进行思考，在这一范围内，他们的思想和信仰被放大和强化。Twitter、Facebook、Instagram（一款图片分享应用）、微信和微博、赛我网[①]，以及其他社交网都是

① Cyworld，韩国最大的在线虚拟社区，也是韩国人气最高的社交网站。——译者注

"同一类思考者"的通道。一个绝佳的例子是，政治运动和候选人的声明以及他们的支持者，就是建立在持续不断的心理情感认同的基础之上，而不是建立在他们特定的追随者注重事实观点的基础之上。不论有多少伪装最终被证明是错误的，那已经不重要了，因为心理情感的铜墙铁壁已经把事实封锁住了。

在历史的发展进程中，拥有得天独厚口才和个人魅力的政治家和领导者会赢得公众的心理和投票支持，即使他们的从政意图并不像他们所表现的那样公平、公正。耀眼的演讲者能够让人迷惑。但不论政治家和领导者是诚实的还是深谋远虑的，它都需要记者们使用口头语言或文字语言进行完整地传达事实。但那个时代已经一去不复返了。

现在，那些已经不再受政治家承诺哄骗的投票选民，成了善于开空头支票的政治发现并创造的一种新的鼓吹工具所针对的目标。这一进程是在1950年不知不觉地开始的，当时，阿兰 · 图灵，一位美国计算机科学领域的先驱、数学家、密码专家发表了一篇论文，其开始的一句话是："我提议考虑这个问题，机器能思考吗？"

被算法操纵的权力

直到2016年，机器还不能思考。即使今天，意识仍然是人类独有的领地。但算法已经让机器达到了模仿人类行为的程度。这不仅是科技进步的一个优势，而且还蕴藏着影响人类思想和公众观点的无限机会。

虚拟机器人（Bots）正在做着这样的工作。社交机器人

（Social bots），能够在社交媒体网站上注册用户账户的计算机算法，它能自动生成并发布内容，人为地增加花朵数量，还能够在社交媒体上与人类沟通。有些虚拟机器人是有用的，比如说能够自动地从不同渠道对内容进行分析和总结或者自动地回应客户的咨询。搜索引擎使用虚拟机器人对网页内容进行自动索引。而同样的技术，如果用来进行误传和误导，也是有害的。

虚拟机器人在商业中也可以被误用，比如对糟糕的酒店进行“点赞”，或者通过发布虚假信息损害竞争对手的声誉。一个令人不安的事实是，没有哪种新的技术不存在滥用的风险。而一些虚拟机器人甚至可以被开发出来，做一些非常邪恶的事情。

社交机器人的危险一面

社交机器人背后的技术和它们使用的很多方式正在激起人们的兴趣。问题是，很多国家正在使用机器人作为宣传机器以影响公众舆论。某些政府使用虚拟机器人压制反对的声音，政治家用虚拟机器人中伤他们的对手，而且使得这种中伤看起来非常可信。

社交机器人给市场和政治带来不稳定的危险已经愈演愈烈。其中有一个丑闻就是部分由虚拟机器人带来的，CYNK[①]没有员工，没有资产，也没有营业收入，市值却达到60亿美元。这家公司位于伯利兹，这个国家从来没有哪家公司能达到这样的市

① CYNK，一家科技公司，自称公司总部位于中美洲国家伯利兹的伯利兹市商业中心The Matalon的一栋大厦，从事社交网络行业，仅拥有一名员工，也没有营收和资产。——译者注

值[①]。CYNK的股票在2013年6月开始上市交易，有一段时间，其股票每股只卖几美分。2014年6月，它的股票价格突然跳涨了3 650%，从6美分上升到2.25美元，而且还不断保持上涨，从一个为人所热议的低价股一跃成为投资热门股。其股价最终升涨了36 000%，在股价下降之前每股达到了6 000美元，也使得很多便士股票交易员亏得血本无归。等到分析师承认这是一起丑闻并暂停其股票交易时，利润也烟消云散了，损失变成了真金白银。根据《麻省理工学院技术评论》的一篇文章。[②]，“自动推文是丑闻发生的部分原因，它使得便士股票科技公司CYNK仅仅在几天之内就升值到了50亿美元”。但在这种情况下，可能自动交易算法才是这家公司股票价值迅速飙升的罪魁祸首[③]。

对舆论观点的奇妙复制

在2013年4月23日，叙利亚电子军团（The Syrian Electronic Army，一个受叙利亚政府支持的黑客活动组织，在2011年首次浮出水面）劫持了美联社的Twitter账户，发布了一个虚假的谣言：白宫受到了恐怖袭击，奥巴马总统据说受伤。2016年3月22日，《商业内幕》引用了美国司法部官方网站上首席检察官助理卡琳（Carlin）的话：

---

① 参见http://www.bloomberg.com/news/articles/2014-07-24/cynk-the-6-billion-penny-stock-debacle-stretches-from-belize-to-las-vegas。

② 参见https://www.technologyreview.com/s/535901/fake-persuaders/。

③ 参见http://cacm.acm.org/magazines/2016/7/204021-the-rise-of-social-bots/fulltext。

> 叙利亚电子军团公开声称，它的劫持活动主要是为了支持陷于四面楚歌的叙利亚总统巴沙尔·阿萨德政权。不过，电子军团成员在以叙利亚的名义损害美国经济和国家安全的同时，他们也在巧取豪夺、中饱私囊，当然损害的是全世界守法的人们。他们的声明也说明，一般的黑客和网络犯罪分子和潜在的国家安全威胁之间的界限正在变得越来越模糊。

Twitter承认，2 300万名活跃用户实际上是虚拟机器人，大约占到其用户基数的14%。虚拟机器人能够人为地提升政治候选人的支持率。这在美国2010年中期选举期间就已经使用了，当时社交机器人被用来支持某些候选人，并且打压对手，还针对虚假新闻的网站发布了成千上万条推文。考文纽斯大学对这种宣传手段做了一项调查分析，选取的是11月1日—9日在推特网发布的信息。分析、研究显示，在所有的与美国选举相关的话题标签检索条数中，Twitter虚拟机器人发布的条数占1/4：

> 在整个选举的过程中，自动账户都会被针对性地使用，而且大部分都是支持特朗普的选举团队和程序员在使用。在竞选辩论期间，他们会认真地调整内容发布的时间，策略性地压制支持希拉里的话题标签，然后让其选举之后自动的推送信息陷入瘫痪。

Twitter并不认为这种自动性地宣传会影响选民的投票意向。针对滥发垃圾邮件的账户，它是要删除的，但对这种自动式的推送信息，Twitter还是允许的。[1]

华盛顿大学博士候选人塞缪尔·伍利（Samuel Woolley）和他的团队记录了虚拟机器人在政治危机期间影响选举、注册追随者账户或者宣传传播的一千多个案例。政府和政治人物正在把虚拟机器人当作是传播政治主张的一种手段。他们之中就包括墨西哥25年里最不受欢迎的总统恩里克·培尼亚·涅托（Enrique Pena Nieto）。他的虚拟机器人名叫“培尼亚机器人”，主要用来传播培尼亚的政治主张，对竞选对手及其支持者进行打压。[2]

对于很多在网络社交中不活跃的人来说，这样的行为简直不可思议，但社交机器人这种有违职业道德的应用在政治领域已成为常态。

事实无法穿越“回音室”的墙壁[3]

在很多情况下，利用Instagram的力量不仅可以歪曲和影响公众舆论，还能推动销售。在2012年12月12日，美国女歌手碧昂丝（Beyoncé）通过Instagram推广、发布了她的新专辑。结果，

---

① 参见https://www.bloomberg.com/news/articles/2016-11-17/trump-s-twitter-bots-turned-out-on-election-day。

② 参见http://www.businessinsider.com/political-bots-by-governments-around-the-world-2015-12?IR=T/#turkey-2。

③ 这里指的是回音室效应，回音室效应在媒体上是指在一个相对封闭的环境上，一些意见相近的声音不断重复，并以夸张或其他扭曲形式重复，使得处于相对封闭环境中的大多数人认为这些扭曲的故事就是事实的全部。在现代社会中，互联网的应用和社交媒体的发展使得这个现象更加深刻。——译者注

仅仅在两天之内，销量就达到了破纪录的 60 万张。

不幸的是，社交媒体更容易用来做政治宣传，也更容易引起麻烦、动乱，甚至激起集体的狂躁。你根本不用花很多钱利用回音室效应来成倍地增加喧嚣之声，阻止事实。Instagram 提供 2 万个用户账号收费是 99 美元，而 Twitter 提供 2.5 万个用户账号收费是 145 美元。很显然，对于能够影响选民、消费者或市场表现的一种力量来说，费用并不是难以接受的。专注于操作自动推送信息、交易账户，策划推送信息主题，诋毁竞争对手或者吹捧产品的代理人很容易就能被雇用。社交机器人正成为被用来影响我们日常生活基本决策的舆论推手。

让人无法信任的博客和付费的推送信息正在进行各种形式的宣传和渗透，针对的都是人们的心理情感，影响的是人们对某些事情的观点和判断。信息只是在虚拟机器人以及拥有同样思维的人之间交换，或者误导个人描绘一幅歪曲事实的画面。“谎话连篇的媒体”已经成为德国政治运动中一个贬义的词汇——当然这不仅仅限于德国。唐纳德·特朗普于 2016 年 5 月在 Twitter 上发布信息声称：“不要相信那些存在偏见和欺骗性的媒体，它们引用的是我竞选团队工作人员所说的话。引用我说的话，才是唯一重要的！”

当我们觉得有必要讨论一下舆论形成的多渠道来源时，那说明这个体系出问题了。我们被各种体量巨大、飞速更新的信息包围着，要想看清并掌控这些眼花缭乱的理论、观点、信仰和舆论——尤其是当失真的信息掺杂其中的时候，是一件极其困难的事情。虽然政治学者认为，回音室和虚拟机器人网络无法影响公众，但据说这个影响的范围为 1%—2%。在一个紧密的决策程序中，这个影响足以扭转局面。

但正像历史告诉我们的，多数人也会犯很大的错误。

大多数人并不总是对的

我们（两位作者）是在西方民主体制下成长起来的，我们珍视的是言论自由、决策的权力和改变方向的能力。而要做到这些，需要两个群体行动起来——负责任的、见多识广的政治家和选民。不幸的是，这两个群体现在都缺乏。为了赢得选举，政治家通常会感觉被迫要迎合选民，而不是按照国家利益的最大化而行事。而很多选民更加重视的是，某些政策给他们生活带来的短期效果——主要是一些花费高昂的福利性项目。为了尽可能多地吸引选民，政治家和政府承诺要始终关切选民的福利，而一旦当选，只能负债实施当初的竞选承诺。很多选民好像对日益增加的负债漠不关心，只要不用他们来偿还债务——即使他们的下一代要继承这些问题。

社会福利的确是一个很大的成就，但如果那些从国家获得福利的人数要比那些对国家做出奉献的人数要多得多，那么福利就是很难维持的。而当更多的难民和寻求庇护者带着教育和社会服务需求来到一个国家之时，问题就更加严重了。

很久以前，美国第 16 任总统亚伯拉罕 · 林肯警告说：

打倒个子大的人，无法帮助个子小的人。

削弱强壮的人，不能够给软弱的人带来力量。

打倒资产拥有者，不能够提高劳动人民的生活。

用超过收入的支出来解决问题是不智之举。

借贷的钱不能够使你建立安全感。

品质和勇气不是通过牺牲人的主动性和独立性而建立的。

今天，如果哪一位美国总统在就职演说中这样说，人们又该作何反应呢，就像约翰·F.肯尼迪在1961年所说的："不要问你的国家都能为你做什么，问问自己你能为国家做什么。"

如果我们看一下西方自世纪之交以来的经济增长，我们就无法声称政治决策程序产生了最积极正面的结果。利用过去几十年的证据，宣称经济增长是市场经济和民主政治相互作用结果的言论是很难站得住脚的。但和政治家中的理想主义者所占比例很少差不多，民众几乎没有丝毫意愿为了让国家行驶在正确的轨道上而做出必要的牺牲。吹嘘如何最大化社会福利，减少纳税义务，以各种方式钻制度的空子，已经被社会普遍接受。

政治上的正确经常推翻合理的思考，也经常被更多地用来转移人们对同歧视做斗争的关注，而不仅仅是改变我们的话语。

出路还是教育

无线电台发现了一个娱乐听众的工具——嘲笑别人的无知，问人们类似这样的问题：30年战争持续了多少年？乔治·W.布什总统的职业是什么？当然所有的听众都能脱口说出这些问题的答案，被采访者则会感到莫名其妙。

白天和黑夜是如何出现的？奥地利高中的学生认为他们知道答案："那是地球围绕着太阳旋转的结果。"对我们个人来讲，我们对宇宙的变化欣然接受，期待一年8 760个小时都是新的！

教育体系只是表面上的问题，在更大的背景下，则是民主的问题。如果很多民众不了解简单的相关性，他们又怎么能对涉及他们国家未来的更加复杂的问题做出决策呢？虽然无线电台可以很容易地通过过滤答案筛选出他们想要的选项，但一个让人难过的事实是，西方国家的教育水平正在不断下降。教育不仅是经济发展最强劲和最有持续性的驱动力，它还是主权在民的西方式民主的基本要求。

只要有一个无知的选民，民主社会就会面临危险

能够阅读、消化和理解文字的含义是民主得以繁衍和昌盛的基本条件。虽然选民不制定政策，但他们会选出制定政策的人，而且这些政策决策决定了国家的整个发展方向。当美国公民给总统和国会参议员、众议员投票时，他们是在直接地为国家未来的金融架构投票：国家运行更多是与资本主义还是社会主义，政府的行为应该多还是少、大还是小，跨大西洋贸易与投资伙伴协定和综合性经济贸易协议（简称CETA，是加拿大与欧盟之间的自由贸易协议）对国家的经济来说是更好还是更坏等因素相关的。当然其中还伴随着其他问题，包括社会福利、健康、堕胎权、同性

结婚和国防。

我们将从什么样的视角进行判断？我们投票是为了我们个人的最佳利益还是为国家的最佳利益，或者是为了世界整体的利益？我们该如何衡量长期的利益和短期利益之间的关系？一个候选人的正直和公信力有多么重要？我们考虑的标准以及我们用这样的标准来选择候选人是我们教育和经历的主要结果。阅读和理解文字的能力提升了我们汇聚所需信息的能力，发展形成了我们所使用的标准，并且还得出了合理的结论。

然而，如果提供的信息是错误的或者具有误导性的，那么即使最客观的选民也会在判断上出现严重的错误。我们如何能够获取中性色彩的信息？我们该如何评价偏见性的信息或者发现潜在的偏见（我们可以去质疑它）？获取一幅清晰而准确的图景是很困难的，尤其是要考虑到，我们接收到的信息是来自已经经过某种形式、某种程度过滤的第三方。在我们使用这些信息进行判断之前，我们需要对信息本身的有效性进行判断。

为了防止可能出现的大众无知会破坏一个国家，为了保护持少数观点的人的权利，我们需要有各种形式的代议民主。我们选举出议会和政治领导人从国家整体层面提出问题并做出决策，因为普通民众很难凭借他们掌握的信息对此进行判断，但决定谁将代表人们做出这样的决策，公众必须在投票时进行合理的判断。而要做出这些判断，我们需要一个坚实的基础，其中一个主要的基础就是教育的结果。

如果选民对竞选演讲词无法阅读和理解，当有人说出这些话时，他们又如何能够做到恰当的理解和审视呢？当阅读时，他们能够慢慢、细致地理解，甚至在阅读中间停下来思考一个短语，或者再读一遍他们理解困难的一个短语。当他们听一个演讲时，就没有这些选择。教育水平越低，做出事后令其后悔的错误决策的危险性就越高。孔子把理解和智慧的价值联系起来阐释：

生而知之者，上也；学而知之者，次也；困而学之，又其次也。困而不学，民斯为下矣。[①]

① 这段话标准的理解应该是，“天生就懂得的人最聪明，通过学习而懂得的人次一等，遇到困难才去学习的人又次一等。遇到困难还不学习，就是下等的愚民”。——译者注

第九章

“一带一路”：掌控新的贸易秩序

根据世界贸易组织（WTO）的统计，2015 年全球商品贸易量总额达到了 16.5 万亿美元。如今，在覆盖全世界 65% 人口、差不多占到全世界 1/3GDP 的区域，就要出现一条能够新的贸易路线，它将会产生什么样的影响？这是所有国家的政府和商业机构在不远的将来都需要回答的一个问题，因为这条新的贸易路线形成之后，它将引领一个新的世界贸易秩序：全球贸易额从 2008 年金融危机之前的年均增长 7% 下降到 2015—2016 年的年均增长 1.5%。

一个大趋势的形成

很多人都听说过这个工程，但很少有人熟悉它。我们所谈到的就是中国的 21 世纪工程，习近平主席签署的“一带一路”倡议。要想实现如此巨大的项目不是掌控一个大趋势，而是创造一个大趋势。

“一带一路”，承诺将在2025年完成，将成为中国增长的引擎，它将培育处于经济发展中的中国各个邻居的发展需求，并向沿线地区提供基础设施。其目标是在中国、亚洲、欧洲、非洲以及从长远来看还有拉丁美洲之间建设一个高效、持久的铁路和航运网络（见图9–1）。其中一个目标是缩短大宗消费商品运输到欧洲的时间，所以它至少要有一条时速达320公里的高速铁路。预计它将把从北京到伦敦的陆路旅行缩短至仅需要两天，而现在这一旅程需要持续15天。

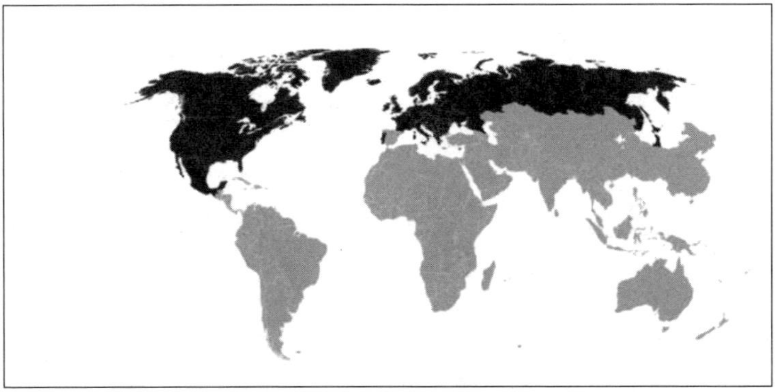

图9–1 全球南环经济带

在这里针对这个工程我们提出以下5个问题：

1.“一带一路”代表着什么？

2.“一带一路”有什么样的历史渊源？

3. 它将如何投资建设？

4. 为什么它实现的可能性很大？

5. 为什么它对全世界的商业发展如此重要？

“一带一路”代表着什么

“一带一路”相对几条陆上和海上贸易路线来说，其名称让人略显困惑。表面看来，“一带一路”倡议是一个巨大的基础设施工程，它有利于促进沿线地区的商业往来，并有潜力和可能成为地区性合作的最大平台。中国的战略是“对接与耦合‘一带一路’沿线国家的发展，培育市场潜能，促进投资和消费，并且创造需求和工作机会”。

“一带”涵盖的是21世纪的海上丝绸之路，包括从中国沿海穿过南海和印度洋到达欧洲与非洲的港口，穿过南海以及南太平洋到达亚洲的港口。根据中国人的理解，“带”这个字不仅代表着一个实物，也代表着连接和纽带。“一路”代表着实际的路上交通路线，它从中国中部穿越中亚、俄罗斯和欧洲，最终抵达斯堪的纳维亚半岛北部。

从官方正式的表达来看，除了经济目的之外，“一带一路”的目的还有：

> 政治互信更加深入；人文交流更加广泛深入，不同文明互鉴共荣，各国人民相知相交、和平友好。
>
> “一带一路”相关的国家基于但不限于古代丝绸之路的范围，各国和国际、地区组织均可参与，让共建成果惠及更广泛的区域。

“一带一路”有什么样的历史渊源

当大多数人都在思考丝绸之路的时候，我们可以把视线放远到古代：在满是孔雀的宫廷里拖着飘逸长袍的男子、牧民，以及穿越中国，目的地可能远在中东的沙漠骆驼商队。丝绸之路是在汉朝正式开创的，从汉朝与西方开展官方贸易开始，直到奥斯曼帝国抵制与西方的贸易而最终关闭了这条贸易路线为止。

丝绸之路的图景实际上很简单，它是各个国家和王国之间进行贸易与建立沟通关系的通道。对丝绸这种奢侈品的渴求在埃及、希腊，尤其是罗马非常普遍，这使得古代中国成为世界纺织业的中心。

各种具有医治疾病和保护健康功能的茶和香料都在所谓的茶马古道上运送。它发端于云南南部的景洪——以出产普洱茶而盛名。从那里开始，然后穿越丽江大理国、摩梭人居住区（“女儿国”），一路到达拉萨、日喀则、大吉岭，一直到达印度。由于那个时代南亚并不种茶，完全依赖进口中国茶叶，古茶道就这样形成了。另一条贸易路线是穿越土耳其和东欧，主要是阿拉伯贸易商人在行走。比茶和丝绸影响力更大的是纸，它是在汉朝发明的，当然，还有后来的火药。

由于那时各大城市都有很高的科学和艺术成就，以及它们之间的各种复杂联系，丝绸之路最大的价值——艺术、哲学思想和宗教的交流，也展现了出来。其中一个例子是佛教，它在唐朝大规模传播到了中国。当时的佛教僧人玄奘到达了印度，取回了佛经，并由此建造了大雁塔——你现在仍可以在西安参观这座塔。天文学在那个时代的伊斯法罕、撒马拉罕和拉萨也达到了至高的水平。

可能很少有人知道美国邮政总局的信条，这一信条被刻在位于纽约市的詹姆斯·法利邮政总局中，它可以回溯到波斯御道[①]——属于古代丝绸之路的主要动脉。这个信条来自于希腊和苏格拉底同一个时代的历史学家希罗多德（前484—前425）。波斯信差的速度和效率给希罗多德留下了深刻的印象，他写道：“不论是雨雪、炎热还是夜之黑暗，都不能阻止这些信差以极限速度完成他们的工作。”[②]

在古代丝绸贸易路线上，也就是全球化的真正开始实际上要远远早于唐朝。它创立了经济秩序，只是在19世纪的帝国主义时代才被打破。在人类历史的长河中，这种经济秩序只有一个150年的暂时中断。

从中国、韩国、巴基斯坦、阿富汗、土耳其、土库曼斯坦，然后穿过中亚进入中东，再到东非和北非，在这些国家的集体潜

---

① 波斯御道是一条古代大道，由波斯国王大流士一世建于公元前5世纪。大流士修筑此路的目的是促进他的庞大帝国境内从首都苏萨到萨第斯的交通。——译者注

② 出自希罗多德编写的《历史》，引指古代波斯帝国的信使服务。在御道上，波斯信差可以在7天内走过2 699公里。古希腊的历史学家希罗多德写道：“这个世界上再没有什么东西比这些波斯信差还要走得快了。”希罗多德赞扬这些信使：“不论是雨雪、炎热还是夜之黑暗，都不能阻止这些信差以极限速度完成他们的工作。”这句话现在已经成为激励邮递员们的警句。——译者注

意识里，都有一种复兴区域经济贸易的思想——并不是打造一条新的路线。

在历史的背景之下看这条新的丝绸之路给我们两点启示，它不仅创建了一种可以改变世界经济联系的新的贸易秩序，而且它走得更远：在中国人的思维模式中，它可以复兴历史的昌盛与繁华。

它将如何投资建设

在 2015 年，中国的对外投资接近 1 200 亿美元，但即使这么大规模的投资，还是很不够。“谁将为亚洲 8 万亿美元的基础设施差距来埋单？”是亚洲发展银行在 2013 年 9 月一份资讯的头条文章。这篇文章预计，在 2013—2020 年亚洲基础设施领域的投资需求将达到 8 万亿美元。基础设施是帮助人们摆脱贫困之必需。在亚洲发展中国家有超过 60% 的家庭无法直接使用饮用水，也无法使用现代医疗设备。超过 50% 的人们都把工作或从事商业经营看作摆脱贫困的最佳方式。沿着丝绸之路建造必要的基础设施是为私有机构提供资源、增加动能的基本条件。[①]

为了支持“一带一路”的投资，创建了三大金融体系以支持它的发展。

丝路基金

这个 400 亿美元的基金是在 2014 年创立的，它的使命是投资“一带一路”基础设施工程。该基金主要由中国外汇储备进行投

① 参见 https://www.adb.org/news/infographics/who-will-pay-asias-8-trillion-infrastru-cture-gap。

资，预计由中国主权财富基金这样的基金进行管理。丝路基金有限责任公司的董事长由中国人民银行行长助理金琦来担任。

亚投行

亚投行作为一家跨国发展银行成立于2014年10月，其注册资金为1 000亿美元。尽管受到了以美国为首的一些国家的抵制，但这家银行的成员国还是达到了57个，其行长是金立群，他曾担任中国国际金融股份有限公司（简称中金公司）董事长、亚洲开发银行副行长。亚投行，主要聚集于亚洲基础设施开发和其他产业部门，包括水的供应和医疗卫生设备，还有环境保护、城市发展和物流。

新开发银行

新开发银行是金砖国家（巴西、俄罗斯、印度、中国和南非）于2014年7月创建的一个多边开发银行。其初始投资是500亿美元，目标是增加到1 000亿美元。这家银行主要对发展中国家的工程进行投资，并促进与新创立的多边开发银行（Multilateral Development Banks，简称MDB）进行全球性、地区性和本地的合作关系。金砖国家新开发银行由印度第二大IT服务公司Infosys技术有限公司的前董事长瓦曼·卡马特（K. V. Kamath）担任第一任行长。

新加坡企业发展局将与中国建设银行合作向“一带一路”投资大约220亿美元。第一期投资的100亿美元由中国开发银行（占5%）、中国进出口银行（占15%）、中国投资公司（占15%）和国家外汇管理局（占65%）来投入。

中国对“丝绸之路经济带”的远景并不仅限于亚洲，其目标是打造一个综合性的通讯和交通网络，以此促进跨亚洲、欧洲和非洲的投资和经济发展。

为什么它实现的可能性很大

“一带一路”是商业行为，并不是慈善。它建设基础设施是为了促进商业繁荣，使贸易更加便利。而且它还是一个中国必须面对的新挑战，因为“一带一路”的基础设施是智慧的基础设施，是注重生态的基础设施。建设这样的基础设施必须要明白，日常用水和食物系统必须要和环境整合在一起，必须意识到高速的产业增长并不等于健康的经济发展。

所有的这些因素融合在一起，就等于创造了一种新的经济范式，这也是“一带一路”的基本框架，但它又比“一带一路”倡议更加宏大。它涉及围绕经济发展的一个新的思想共识，以及更高层面的共识进化：包括在政治意识形态领域的共识，还意味着互不干扰、非结盟，没有任何的西方主导势力，寻求的是发展经验的交流，而不是把一种发展模式强加在另一种发展模式之上。

这就是“一带一路”倡议与众不同的地方，也是为什么中国能够获得如此多的能量和动能的原因。

为什么它对全世界的商业发展如此重要

对中国熟悉的人都知道，在中国发生的这些事情都是有历史渊源的。中国的目的是达成 1929 年设定的建设现代、富有社会的目标。当然，当时中国人无法预料100年里的变化，但他们矢志不渝。虽然他们做出过很多艰难抉择，也犯过不少错误，但最终还是走到了正确的轨道上来。我们并不知道复兴丝绸之路的思想是从什么时候开启的。很可能这种思想从来就没有消失，就像中国作为世界大国只是暂时中断了一段时间一样。

中国的“一带一路”是中国在世界贸易中想要发挥更大作用的一部分——如果不是主导作用的话。如果唐纳德·特朗普总统还是坚持他在竞选总统时声明的贸易保持主义政策，中国将会成为最终赢家。“一带一路”将成为国际和地区性政府、国有和私有企业共同合作的世界最大平台。到2016年年底，已经有超过200家企业签署了合作协议。对物流和建设方面的人才需求也极其旺盛，这将为当地和跨国公司创造很大的就业机会。环境方面的考虑将会起到一个很大的作用，也会给那些选择参与的角色提供一个很大的合作空间。我们将看到地缘政治和金融权力慢慢地向“一带一路”的陆上和海上沿线国家、地区和城市转移。

中国的六大国内因素

在中国的“一带一路”倡议中，有六大国内战略支柱将会起到关键性作用：

1. 多样化中国经济发展、增加对外投资；
2. 提供充裕资金；
3. 整合区域投资；

4. 增进相互了解；

5. 把关系应用在国际舞台上；

6. 跳过基础设施。

多样化中国经济发展、增加对外投资

中国的“一带一路”战略与中国经济的调整正在同步推进。在过去的15年时间里，中国执行的是高速增长的发展战略。它的经济增长的很大一部分都是依靠基础设施和建设工程。现在中国已经到了经济发展的十字路口。摆在中国面前的问题是，接下来该怎么走？

为了维持增长，中国的发展战略是提高生产率，向以技术和服务为主导的经济体转变，从一个受出口驱动的市场转变到以国内消费市场为主，使中国更少地受到出口市场下滑所带来的冲击。

在接下来的5年时间里，中国有可能成为世界上最大的跨境投资方。中国投资者之间的竞争会促进全球性的竞争。对管制的不断放松也将会促进更多公开交易的进行，同时会催生与当地机构和合作关系。亚投行主要投资亚洲及“一带一路”沿线国家的大型基础设施工程。当然，相关的投资决策是很复杂的。中国正在国境线之外进行投资，但它不希望按照美国跨国公司的模式去执行——把一切事情都外包出去，而自己的国家根本做不了什么，或者最终什么都不去做。

事实上，中国的劳动力成本不断上涨。这是由于中国把很大一部分的固定投资放在了房地产领域，推升了房地产价格。这反过来又推动了劳动力成本的上涨，降低了房地产的需求，最终导致产能的急剧扩张和过剩。与此同时，劳动者权利的提升也使得中国的投资效益不高。一些投资也正流向他处。

中国正走在多样化经济发展的道路上，正在尝试与邻近国家建立联系并开展优势合作，以便在“一带一路”沿线和南环经济带的国家中的相联经济区域搭建合作网络。“一带一路”将会提升中国商品出口的能力，比如说钢铁行业，它雇用了大量廉价劳动力，它所雇用的工程师的业务技能在中国已经无用武之地。通过投资其他国家的基础设施建设，出口劳动力（在中国之外为劳动力创造工作机会）、材料和技术，中国的经济从中也会受益匪浅，并有助于培育经济韧性。

另外，在基础设施领域的投资也可以为制造业打下坚实的基础，并且还能够鼓励私有机构参与其中，从而去投资以及创造工作机会，这不仅是为了当地的人民，也为了中国走向海外经营自己的产业。

提供充裕资金

中国愿意为其他国家提供搭便车的机会，正像习近平主席在2016年8月所说的那样。[①]根据丝路基金官方声明，投资的哲理是，投资方面的决策要基于市场规则、国际实践和专业标准。投资将以股权、债权以及其他金融工具的形式为主，通过与国内和海外金融机构密切合作创建基金、管理托管资产，以及委托他人进行投资。

① 参见2016年8月18日《人民日报》。

基金将用来在“一带一路”倡议的框架之下支持和促进贸易发展、经济合作和连接。要想促进中国和参与“一带一路”倡议的国家和地区的共同发展，就需要国内和国际企业以及金融机构通力合作。

为了实现推动产业化发展和稳定世界经济的战略目标，基金必须要设立董事会、监事会和一个管理团队进行主导和管理。为了创建有效且高效的公司治理机制，基金还需要雇用不同背景、形象良好的专业人士。

整合区域投资

在与北京外国语大学的学生关于“一带一路”一次交流的活动中，我们亲身经历了中国培养学生学习外语以达成外交和经济目的的勃勃雄心。接近使用他们自己语言的当地人是中国走向全球战略的一部分。斯里兰卡就是一个例子，中国公司投资超过 50 亿美元用于修建公路、发电厂、港口和酒店。超过 3 万名中国人正工作在斯里兰卡。

中国还努力与阿拉伯世界建立新的关系，当然前提是不会影响到它与以色列的关系。在 2015 年，中国购买了以色列最大港口海法的经营许可证；在第二大港口阿什杜德建设了一个新的超大型集装箱码头；还共同投资并建设了一个大陆桥，从那里直通以色列红海之滨的以色列第三大港埃拉特。

此外，还有哈萨克斯坦。它富饶的能源储备为其带来了经济增长，国民收入也节节攀升，纳扎尔巴耶夫总统在这个国家长期执政，政局也很稳定。在石油价格下降之后，它与中国的战略合作、在经济走廊上的地位以及相连通的铁路均打开了新的机会之门。中国企业拥有哈萨克斯坦接近 1/4 的石油生产。

在土库曼斯坦，2009—2015 年共向中国出口了 1 250 亿立方米的天然气。中国石油天然气集团公司在开发了Bota、Tangiguyi和 Uzyngyi天然气田之后，现在正开发巴格德雷的天然气田。而且中国最近还与乌兹别克斯坦签署了一个 150 亿美元的天然气开采合同。这些都是中国进行地缘战略投资的例子。[①]

中国不但加强与亚洲和非洲新兴经济体的关系，也把触角伸到了欧洲的“一带一路”国家。它投资了希腊比雷埃夫斯港口，还投资 30 亿美元用于建设从贝尔格莱德驶向布达佩斯的子弹头列车。铁路、管道和公路都要从西安建设到比利时，从义乌（位于杭州南部 100 公里）到西班牙首都马德里长达 8 000 英里[②]的货运铁路也正在规划之中。

增进了解

古代的丝绸之路从事的不仅是丝绸和茶的贸易。它还是货物、思想和文化交流的通道。它是很多文化的共存和融合。“一带一路”将有力地促进和提高中国的交流能力，正像习近平主席所说的，增强自己的声音，讲好中国故事。

在西欧，并没有很多人听说过 2011 年由中国和 16 个东欧和中欧国家创立的“16+1 集团”：阿尔巴尼亚、波斯尼亚和黑塞哥

---

① 参见 http://nationalinterest.org/feature/chinas-huge-one-belt-one-road-initiative-sweeping-central-17150。

② 1 英里 =1.609 344 公里。——编者注

维那（简称波黑）、保加利亚、克罗地亚、捷克、爱沙尼亚、匈牙利、拉脱维亚、立陶宛、马其顿、黑山共和国、波兰、罗马尼亚、塞尔维亚、斯洛伐克、斯洛文尼亚。“16+1 模式”代表的是在 11 个欧盟国家和 5 个巴尔干国家要加强合作。它不仅包括基础设施，还包括教育、科学和文化。从中国和 16 个欧洲国家遴选出来 1 000 位年轻人，正进行一个为期 5 年的交流项目，这个项目将促进这些国家人民之间的相互交流，为未来有影响力的领导人创造一个更好的交流基础。

建设基础设施是中国成功故事的一部分。通过强化基础设施建设，把自己的发展经验与一个经济体的战略目标连接起来以促进其经济增长。这就是框架。

更深远的经济战略是在所谓的全球南环经济带的国家中复兴南南合作和南南经验交流。这些经历过殖民时代和后殖民时代的国家基于共同的挑战联结在一起，现在又致力于携手前行。它们都面临着不同经济状况的挑战，想要缩小与高科技、发达经济体之间差距的紧迫感前所未有，还有清洁水、更加安全和健康的食物供应和健康护理等问题也纳入它们的考虑范围。

中国的发展经历和印度、巴基斯坦与哈萨克斯坦的发展经历可能有很大的不同，但它们发现它们都有非发达经济体共同的发展经历和发展基础：它们之中有些受殖民主义政策的影响，有些是受苏联发展模式的影响，后来又转向了市场经济。此外，其共同的经历还在于要融合在殖民主义剥削之下的资本主义的过去，摆脱基于援助或者依赖援助的发展模式。

中国还是最贫穷的时候就有帮助非洲国家的经历，这一点是有目共睹的。这让中国获得了很大的信任感，也为它对发展中国家实施商业战略增加了实践经验。

中国除了用心打造源远流长的思想与文化传统，在语言上还实施母语战略。除了英语、法语、西班牙语、阿拉伯语和俄语之外，中央电视台已经成为全天候的国际性信息传播平台。

把关系应用在国际舞台上

中国的“一带一路”倡议不仅和经济发展相关，它还和在不同文化之间搭建桥梁，还在彼此之间建立友谊和创造信任。要想达成这些目标是需要全力以赴的，即使所面临的困难和障碍非常大。从西方的观点看，中国和它意义重大的“一带一路”倡议有两大特征：它是走向世界的一大项目；它是有史以来最繁荣昌盛的项目。

中国构建友好关系的外交努力，或者把关系应用到国际舞台上，是消除障碍的一个有效工具。毋庸置疑，世界各国人们的心理情感不同，文化和语言各异，要想把他们连接在一起并不容易。在这方面还有很多可以提升的空间。赌注是高额的，但中国要想让其他国家接受自己的发展经验，并在全球范围内沿着丝绸之路的海上和陆上国家拓展这种经验，就需要向各个国家讲述它们读得懂的文字和心理情感。

跳过基础设施和技术

中国对“摸着石头过河”的策略驾轻就熟，在某些方面，选择这一战略就是要跳过技术和平台，重点发展最新的基础设施技术，而不是逐步地进行现代化。

我们不需要去非洲也能看到改善基础设施的需求。作为中东欧国家（CEEC）合作的一部分，第一个具体项目是中国、匈牙利和塞尔维亚签署的发展、建设和投资时速达 350 公里的匈牙利—塞尔维亚高铁项目。

中国计划从 2016 年到 2019 年投资 7 200 亿美元建设 303 个交通基础设施项目。虽然投资额很高，但考虑到中国规模巨大，这些投资也是合理的。“中国每年在基础设施领域的投资规模要比北美和西欧加起来还要大。”彭博公司引用了 2016 年 6 月的一份中国报告。中国的机场数量已经从 2007 年的 148 个增长到 2020 年规划的 240 个。在同样的时段，高速公路也将从 54 000 公里增长到 139 000 公里。凭借这种前所未有的能力和经验，中国已经铺设了 12 000 英里的高速铁轨，超过了世界其他国家的总和。在不远的将来，高铁网络将把中国和亚洲南部连接在一起。

在“一带一路”的海陆沿线国家中，有很多商业发展机会，中国将跳进一个新的发展世界，在这个世界里，机器人、自动驾驶系统和数字化产品将是发展的驱动力。

在一个相互连接的世界里，一个国家的创造潜能很容易被束缚。经济上的边界正在消逝，不仅在国家之间，也在就业和自主创业之间。在过去的几十年时间里，中国已经展现了很高的学习能力。它没有任何理由改变这种学习能力。

维持增长的动能

我们回看一下30年前东南亚和东北亚的经济发展，制造业在东南亚GDP中的份额增长了25%，而在东北亚增长了30%。在制造业迅速发展的后期，就业率和生产率也增长了。

与此同时，在更好的管理培训以及拥有一定专业背景和全球性思维的企业家努力之下，劳动者的技能也获得了提升。尽管取得了这些成就，出口贸易却出现了下滑。中国出口总额在2015年下降了2.9%，而在2016年上半年下降了7.1%。（根据中国香港贸易发展委员会的研究。）

所以对中国来说很明显的是，要想保持经济增长的动能，就必须把它的经济发展模式从受制造业驱动转变到更多受消费和服务驱动的发展模式上来。因此，它必须要开拓新的市场。

中国将会继续贯彻在过去几十年里行之有效的发展思路——建设基础设施。任何到中国旅行的人都会被它的高铁网络、流光溢彩的火车站和新建的机场震撼到，这些交通网络把中国的城市和世界连接在了一起。建设基础设施是今天中国建设的核心。在21世纪丝绸之路的沿线国家中复制这种发展思路是“一带一路”的一个目标。

丝绸之路的绿色投资

在“一带一路”沿线的70个国家中，大部分都是新兴经济体。它们中的大多数都处在工业化和城市化的进程之中，但它们却没有必要的基础设施来支撑经济发展。它们之中的很多国家都极度依赖能源和矿业。很多“一带一路”沿线国家都有着同样的地理和经济发展背景，一些国家已经有经常的贸易往来。它们拥有共同的增长目标，也存在一个共同的问题：如何在促进经济发展和同时重视环境保护之间保持平衡，即如何处理好经济发展和保护环境的关系。

绿色丝路基金是中国的一个公私合作的基金项目，于 2015 年 3 月在北京成立，其目标是在丝绸之路沿线生态脆弱的地区复原 130 万英亩的土地，种植 13 亿棵树木。

避免先污染后治理

为了避免经济发展对生态环境的破坏，也为了达到丝绸之路沿线国家人们的发展预期，中国想要通过提升由地区合作为支撑的绿色投资、绿色发展来建设一条“绿色的丝绸之路”。

生态文明和绿色发展的概念是“一带一路”倡议的重要组成部分。中国对过去“先污染后治理”的发展思路有着很深的体会，它懂得不能再片面追求规模发展而忽视环境保护的重要意义。为了让环境破坏最小化，中国正在尝试经济发展和环境保护都要重视的发展模式。

中国的丝路基金宣布，它计划在全球发展绿色转型运动的项目中（主要包括新能源、绿色交通、环境治理和其他各种不同的基础设施项目），实施绿色发展和绿色投资。

绿色项目投资巨大，但初始回报较小

对发展中市场的基础设施投资都要承担很大的风险，有时还会持续很长时间，而且在获得回报之前，有可能会承受相当大的风险。“一带一路”基金其中一个比较大的优势是，尽管会面对长期的建设和投资周期、巨大的投资需求和较低的投资回报，但它有能力和意愿为绿色项目提供必要的投资。

只有综合考虑社会、经济和环境利益的投资项目，才能在丝绸之路沿线获得稳定的发展。这就需要申请投资基金的国家能够解决过去那种阻碍它们发展和进步的问题。

在中国绿色丝绸之路的推动下，对于中国的绿色产业——包括清洁能源和先进装备制造业，该基金都将支持出口先进技术以在丝绸之路沿线地区促进绿色产业的发展。为了提升资源的生产率、减少浪费，中国企业将购买先进的绿色产业技术，比如垃圾处理技术和先进的化学处理技术，目的是节约能源、降低排放，在绿色丝绸之路沿线建设循环经济。

可能是世界上最大的合作平台

贸易路线改变的将不仅仅是亚洲，“一带一路”有改变世界贸易的潜能。虽然在建设过程中还存在着很多经济和政治上的障碍，虽然中国还需要想办法阻止它的资金被滥用，但“一带一路”倡议的发展速度已经超过了规划。领先的金融投资和建设公司正在不断地参与其中。

对于“一带一路”是否能够覆盖所倡议的地理区域，是否能够达成拟定的经济目标以及收益回报，现在来看都还是未知数。没有人可以做出担保，但如果考虑到这一战略对中国来说至关重要，至少我们也要静观其变。

第十章

掌控我们的思想

按照威廉·莎士比亚的说法，“世间本无善恶，全凭个人怎样想法而定”。我们对这句智慧的话加以引申得出的结论是，坏的思想会导致错误的结论，最终会误导判断和决策。要想掌控你自己的思想关键的一点是，要培养和保持你的思维模式，以此避免失真或误导性的信息以及对真实情况产生错误认知。

“不一定是对的”的力量

西奥多·罗斯福是美国第26任总统，任职时间从1901年到1909年，他很简洁地表述道：“掌控灵魂至高无上，其他则无关紧要。”

就掌控大趋势而言，重要的不是思维模式，而是要懂得把你自己从“一定是对的”固有思维模式之中摆脱出来。这一点与掌控我们的思想密切相关，而且它是先决条件。“不一定是对的”这种思维模式看起来好像很简单，而且它还是大多数人都想拥有的思维，但在现实世界中，我们观察到这种思维模式还是很稀缺的。人们，尤其是那些手握权力的人们，往往害怕、甚至拒绝承认他们是错误的。

然而，为了感知事实，你的大脑必须要善于接受事实。当一个人思想守旧时，他的周围就会被密不透风的墙包围着，这些墙会阻止他挑战习以为常的事实，即使当（尤其是当）这些习以为常的事实明显错误的时候。

真理是什么

当人们进行辩论时，总是喜欢引用他们确信的真理，但究竟什么是真理呢？地球是宇宙的中心，或者至少是银河系或太阳系的中心，这一“真理”一直持续了很多年，但事实证明它是错误的，它从来就不是真理。医生们过去认为，胃溃疡是由紧张、酸性饮食、吸烟和饮酒引起的，直到确认它主要是由一种叫作幽门螺杆菌的常见细菌过量增长而引起的。我们都习以为常地认为，高脂肪的饮食是不健康的，直到我们发现人们饮食中单一的碳水化合物过高更有害，而某类脂肪对身体来说却是健康的，甚至是基本所需。科学家们曾确信，任何生物体都无法无氧生存，直到他们发现了有一些生物确实能够做到。在过去，很多教育工作者都认为背诵是最佳的学习方法，直到研究表明，其他学习方法对很多学生来说更加有效。

当然，人们都习惯要一个“对的答案”。没完没了的电视辩论总是在争论谁才是对的。左翼、右翼，支持自由市场派、反对自由市场派，支持对银行更多调控、反对国家过多干预，支持政府更多参与、反对政府更多参与，等等，不一而足。

而且，当人们争辩“谁才是对的”之时，经常会忘记他们争吵的最主要原因是什么。究竟有多少精力被无端浪费掉了？持有一种观点是重要的，但更重要的是引起讨论的观点是真正有价值的。

你是否愿意改变?

公元前 5 世纪，孔子说过：“知之为知之，不知为不知，是知也。”在 19 世纪，亨利 · 惠勒 · 萧（Henry Wheeler Shaw）直言不讳地说道：“世界上有两种傻瓜：一种是不能改变他们观点的人，另一种是不会改变他们观点的人。”

在《大趋势》一书中，我们指出：“趋势就像马，如果按照以前奔驰过的方向前行，就更容易驾驭。”当趋势已经成为主流技术、商业实践、哲学或意识形态的一部分的时候，这条准则就更加适用了。要想在一个不断发展变化的新世界中抓住机会，我们需要站在最前沿，而不是被动落伍。当新的信息挑战我们认为我们知道的事情的时候，掌控大趋势是与我们改变的意愿密切相关的。

不打碎鸡蛋就不能做蛋卷

不打碎鸡蛋就不能做蛋卷，当然你也吃不上。也就是说，在一些情况下，我们不能二者兼顾：要想得到一种东西，我们就得放弃另一种东西。

我们要么选择变化，要么让变化强加给我们。我们要么坚持自己的想法，要么追随别人的思想。我们既可以否定事实，也可以查验事实。当我们害怕被证实是错误的或者顽固地抵制一个我们至少认为相互矛盾的意见时，我们的思想和行为就会受到限制。而一旦我们经历了那种“不一定是对的”的力量，我们就能摆脱束缚，如入无人之境，我们的世界观因此得以延展，我们的思维也因此而开阔，并能面对各种可能和机会。

永远的印记

今天我们已经无处躲藏。我们所说的、所写的每句话都能被记录；一举一动都能被拍摄；任何观点都可以发表；每句话在网上都能被复制，并且能够在社交网络上传播。任何地方的任何人都可以在网上发表任何信息，而不用考虑其真实性、准确性，有的信息在网上被视若真谛，甚至虚假信息可以传播很多年。

在互联网出现之前，我们有越来越多需要严格审查的信息。内容是由不同领域的知名人士写成的，然后由出版图书、杂志和期刊的出版公司来出版印刷。出版商会对内容的真实情况进行核查，他们会雇用专业编辑对文章和草稿的信息与作者的观点查证。当然，现在好的出版社仍然在这样做。现在不同的是，互联网和自出版已经改变了出版行业——至少是部分改变，把它变成了信息的西部荒原。在这片荒原上，缺少知识、培训、远见、智慧的人们通过鼠标和按键在到处传播错误和误导性的信息。

现在，比以往任何时候，都需要以怀疑的态度看待我们所接触到的一切，从而防止我们的思想被他人误导性的信息和草率、程式化的思维模式所影响。从某种程度上来说，掌控你的思想就要滤除和质疑你自己头脑里的信息和观念，并且你自己要弄清楚这些内容的来源。我们鼓励你探寻消息的可靠来源，鼓励你博采众长，这样你就能够全方位地看待一个问题。通过从有着不同角度的众多来源中获取信息，你更有可能获得一个相对完整的信息曝光平台，包括那些为了强化观点或者为了更新而被某一方过滤掉的信息。这种审核过程也包括检查发表或张贴的内容的日期，以此确保你正在查看的是目前可用的最新信息。

坚持“什么是对的”，而不是“谁是对的”

科学的历史就是充满科学发现和突破的历史——这是一个固有的思想被新的、能够更准确或更完整地解释所观察到的现象的证据或理论挑战和改变的过程。在关于教育的那一章里，我们谈到了爱因斯坦，没有科学的想象，他在那个时代里是不可能取得如此辉煌的科学成就的。不过这其中还不仅仅是科学的想象，它还涉及当面对一项科学成就时要近乎无情地捍卫“什么是对的”，有时候这一点要比捍卫“谁是对的”更为重要。

爱因斯坦确信，“服从于权威是真理最大的敌人之一”。他为了凛然的正义付出了代价：尽管他完全合格，尽管他提交了大量的申请表格，但他还是没有能够在学术机构找到一份工作。在让人恹恹欲睡的瑞士沙夫豪森小镇短暂做助教之后，他才被伯尔尼的专利局聘任为技术员。

爱因斯坦是理论物理学家，其相对论和量子理论已经成为现代物理学的支柱，对于这一点几乎每个人都是熟知的，但几乎没有人知道能从其信件中了解到当时年轻的阿尔伯特——虽然工作很有毅力，但也充满着对研究方面存在的错误的不确定性和担忧。在 1911 年 9 月，他写信给威廉 · 朱利叶斯（William Julius）：

> 尊敬的同事：
>
> 如果这些（关于太阳光谱的）文字是成立的，那么我想我的理论就会被驳倒。如果你能够坦率地告知你对此事的看法，我将会非常高兴。毕竟，我非常清楚我的理论基础并不牢固。我所选择的道路可能是错的，但是无论如何我都要进行验证。

一年多之后，他仍然认为他的思想不仅迷人，还很有趣，他甚至怀疑“是不是连上帝都在笑，因为他在开玩笑地误导我”。他写信给他的另外一位熟人，天体物理学家欧文 · 弗罗因德里希（Erwin Freundlich）：

> 在经过艰苦的钻研之后，我的理论研究正在快速前进，很快我就可以得出引力动力学的公式。这一工作的好处就在于人们可以清除自己的主观臆断，从而没有任何地方是可以“修补的”。事实上，这一理论要么正确，要么错误，二者必居其一。

很明显，爱因斯坦关心的不是“谁是对的”，因为他一直保持在思想的最前沿而不排斥他有可能是极其错误的。他缺少不同领域的很多领导人所拥有的狂妄自大特征，这些领导人为了自己的安稳，总是固执地坚持他们自己的观点。爱因斯坦则以开放的心态面对其他各种可能性，即使它们会挑战他的思想。

看重实质而不是自我

如果回过头来看一下爱因斯坦的成名之路，你会发现，站出来推翻时空中已有的概念听起来是很简单的事情。他获得突破的基础是，坚持“什么是对的”，而不是“谁是对的”。

爱因斯坦的传记作家之一，阿尔布雷希特·弗尔辛（Albrecht Foelsing），甚至推测这可能是爱因斯坦的一个先天优势：“一个具备这种优势条件的人应该不屑于同一流的科学家纠缠在一起，他要像无业游民似的拥有自己的思想。”

掌控大趋势未必一定要拥有爱因斯坦的天分和勇气。而我们被大量的媒体包围着，浸润在社交网络之中，生活在一个被信息全方位覆盖的世界之中，要想摆脱主流思想以及受政治话题影响的冲突性思想的喧闹，是非常困难的。即使我们聚焦于实质和事实，也很容易低估主流思想对自身决策流程的影响。

与乐观主义者同行

你周围的人持有的是消极悲观的情绪，还是积极乐观的情绪？有时，我们意识不到一个消极人士对我们的行动和思想有多么负面的影响。当涉及媒体时，我们几乎没有什么选择。媒体的信条“只有坏新闻才是新闻”带来的是紧张、让人忧虑的氛围。当每天被供应一顿关于当地和全球的灾难与问题的新闻报道“大餐”，我们已习惯了忧虑地看待这个世界。我们的思维路线图已经被闪光灯和警告标识塞满了，它们一直在警告我们不要转向未知的方向。

意愿是思想迸发的源泉

当我们对经济、政治和社会发展做出判断时，没有必要转向未知的方向。这里有必要以尽可能无偏见的方式看一看现在正在发生的事情。然而，考虑到新闻扭曲的程度，要想保持毫无偏见也是极其困难的。让我们感到非常沮丧的是，很多人对其他国家，尤其是中国，都有一种陈腐的印象，比如他们会问去中国旅游的人这类问题：“你必须要随时带着食物吗？”以及“你能在大街上与中国人一起行走吗？”当然还有一些对其他国家的误解。比如，很多对巴西感兴趣的人们都会想象：巴西人在科帕卡巴纳海滩的大街上听着音乐、跳着桑巴舞、喝着凯匹林纳鸡尾酒；所有的巴西女性都有着棕色的皮肤，而且漂亮、性感、迷人；盛大的里约热内卢狂欢节；还有巴西看上去完全就像一个第三世界国家。在意大利，荒芜的建筑被看作迷人的象征，但同样的建筑在其他国家就被看作衰败的迹象。

看我们想要看的东西，而不是我们看到的东西或者从来没有看到的东西，是培养我们良好感知力的必要方法。

当机会主义者、极端右翼和左翼政客以及寻求刺激的大众媒体把恐惧当成有效的操纵工具时，我们应该把希腊哲学家索福克勒斯的话语常记心间：“一位糟糕的指导者比任何敌人都要更糟糕。”

今天的破坏可能就是明天的解决方案

媒体和政客灌输给人们的恐惧是，对于制造业领域数量庞大的毫无技能的劳动者来说，接下来要发生什么是根本无法确定的。我们从不凭借无法预料的事情来研判未来。

我们可以把数字化和人工智能看作能带来根本性变革的因素，但我们不能预见哪项发明或创新能获得突破，并且能带来现在还无法预见的改变。这就是为什么当被问题困扰的时候，重要的是能修补可以修补的东西：机器、公路、房子、汽车，有时还包括关系。如果我们回看一下历史，解决方案经常会来自意想不到的、无法预料的方向。这就像我们在单向车道上行驶，如果我们想要改变方向，就必须要转到另一条路上。

19 世纪 80 年代的伦敦：马粪危机的背后

“选择另一条道路”的一个例子发生在 240 年前。设想一下你生活在 19 世纪 80 年代的伦敦。伦敦城在不断发展、扩张。为了满足各种需求，每天都会有 5 万匹马载着人员和货品在城里穿梭。今天听起来可能还很浪漫，但那时存在各种问题。

由于有那么多的马车，伦敦的街道越来越拥挤，就像今天我们所面对的拥挤的交通一样。对这座城市来说，比拥挤更让人难以忍受的是马排出的粪尿。成吨的粪尿导致空气和街道污秽不堪。而且和今天我们听到的阴郁故事大体相同的是，主流媒体对此的预测也是相当悲观的。伦敦的报纸《泰晤士报》引用了描述这场逼近的灾难的一句警告语："马粪危机。"

媒体的预测基于确定且不断恶化的事实：伦敦共 5 万匹马，每匹马每天要排出 15—35 磅①的粪便，另外还有 2 品脱②的马尿。基于这一事实，人们读到《泰晤士报》的预测就不足为奇了："在 50 年的时间里，伦敦的每条街道都会被 9 英尺的马粪所覆盖。"唯一能预见到光明前景的是伦敦的铁匠，因为马粪越多就意味着有越多的马需要清理，就需要更换越来越多的马蹄铁。

卡尔·本茨的突破性发明

伦敦的情况当然并不仅限于伦敦。在马和马车蓬勃增长的背景下，差不多每座主要城市都会面临着同样的废物处理问题。纽约有 10 万匹马，每天排出的马粪更是高达 250 万磅！就像今天一样，纽约在 1898 年召开了首届城市规划会议来讨论这个问题。同样像今天一样，大会最终也没有出台一个解决方案。我们可以确信的是，堆积如山的马粪问题，肯定会让很多人为了找到解决方案而焦头烂额。

回看一下这一历程，可能也会引来我们的笑声。我们知道了

① 1 磅=0.453 6 千克。——译者注

② 1 英制品脱=0.568 261 25 毫升。——译者注

这一切是如何发生的。虽然主流媒体急匆匆地就预测出令人悲观的前景，但实际上，解决方案已经在酝酿了，就在并不远的德国，主人公是卡尔·本茨。

卡尔·本茨寻求的并不是马粪过多的解决方案。其他专注于创造机动车辆的发明者也是一样。他们把各种不同的发明组装在一起，尝试着制造一辆汽车。最终他们申请了专利，汽车发明了，虽然对于普通人来说很昂贵。而随着亨利·福特第一条装配流水线投入生产，不仅使生产力提高了8倍，还使得汽车更加经济实惠。人们终于可以开着汽车到处旅行和运输物品了。

结果，解决马粪问题，并不是努力去解决这个问题本身，而是发明一种能够给交通带来大变革的奇妙的机械设备。

当然开始的时候，并不是每个人都能接受这一发明。即使在1903年，还有人抵制和怀疑，密歇根州储蓄银行的总裁建议亨利·福特的律师贺拉斯·拉克姆（Horace Rackham）不要投资福特汽车公司："马匹不会过时，而汽车只是一种新玩意儿——只能流行一时。"

布赖恩·格罗姆（Brian Groom）2013年9月在《金融时报》发表的一篇文章中反思道：

> 伦敦马粪危机也是人们无法预测经济刺激如何催生某个问题的技术性解决方案的一个例证。

对工作机会的颠覆：谁会失去工作，解决方案是什么

机动车终结了马、马车和马车制造商繁盛的时代，并带来了铁匠和其他以此为营生的相关劳动者大规模的失业，但交通状况的确变得更好了。那些专注于问题的人们可能会想尽办法设计更好的马蹄铁或者像公共汽车那样的马车，雇用更多的工人来铲除粪便垃圾，或者在城市周边开发出地块来提升堆肥能力。然而，最终的解决方案不是通过问题解决模式，而是通过机会获取模式实现的。而且，虽然铁匠们需要寻找新的工作，但他们不需要等太久，因为他们成为汽车制造业的第一代工人。

对工作机会的颠覆一直长久地伴随着我们，但事实上，正是这种颠覆促进了增长。然而，固守陈旧的思想或生产方法是与对工作机会的颠覆背道而驰的。

即使考虑到美国产业劳动者的工作不确定性，美国在全球制造业竞争指数的排名中仍名列第二 。但美国 2015 年每小时的劳动力成本仍然达到平均 37.96 美元。和美国相比，中国的全球制造业竞争指数名列第一，而它每小时的劳动力成本是 3.28 美元。或者看一下印度，其在全球制造业竞争指数的排名中名列第 11 位，但其每小时的劳动力成本却只有 1.72 美元。可以说，这样的制造业环境是相当安全的。

你可能会争辩说，一家工厂可以提高生产力，而且美国的制造产业有更高的价值，环境标准更严格，等等。制造产业提升是可能的，但核心问题仍旧存在——制造业运转的背景发生了变化。

不仅是新兴经济体廉价的劳动力增加了不确定性，还有与日俱增的自动化、人工智能和数字化生产都将颠覆传统的生产模式。美国可能还会保持强大的竞争力，甚至一直名列榜首，但制造业的工作机会将会越来越少。

对于悲观一些的工厂而言，其劳动者将会备感挫败，他们将面临三重危机：失去专属的工作，制造业环境不断衰退，以及全球制造业大环境的变化。对于乐观一些的工厂来说，其劳动者将会接受变化的环境，并开始寻找其他机会，因为他们意识到不论他们如何努力地工作，也只有小部分能够在蓝海[①]劳动力市场中生存下来。这里的解决方案不是修补装配线，而是寻求新的发展机会。

最大的土豆也恢复不到工业化以前

一个很好的例子是，在农业社会向工业社会转变的过程中，农民在转型之初所面临的遭遇很可能并没有想象的那样糟糕。那个时代，在世界上的大多数国家，成千上万的工作机会永久失去了，即使能种植最大的土豆——从事最艰难的工作也难以逆转潮流了。数据显示，农业劳动力的下滑早在1800年就开始了，一直持续到今天。

在国家从工业化社会向信息化社会转变的过程中，挑战又一次来临了。自从1960年开始，市场对专业技术人员的需求就一直

① 所谓的蓝海，指的是未知的市场空间，在这里也被指代从事不同于常规的职业。——译者注

在持续，甚至大幅度超过了对文职人员的需求。

在 1960 年，大约有 750 万名专业技术人员，形成了第五大工作类型，雇用了大约 11% 的劳动力。

在 1979 年，美国名列榜首的职业是文职人员，接下来是工人，然后是农民。到 2012 年，美国专业技术人员的数量差不多翻了两番，达到了 2 770 万人，大约占总劳动力的 20%。[①]今天，在文职人员之后的第二大工作类别是专业技术人员，与新的信息社会完全一致，因为在这样的社会里，知识是关键性因素。

美国或其他国家有多大的可能恢复失去的制造业工作机会？这些国家能否提高新兴经济体的进口关税？是的，它们能。它们能否命令公司更少实施自动化？是的。那样能起作用吗？没有任何作用。另外，当人们要为美国制造的产品付出更高的代价时，谁还会对美国施加影响力呢？谁会来支付这种差额？

这听起来很荒唐，一个在那么长时间里一直是技术进步驱动器的国家，现在却要回顾制造业“往昔的辉煌岁月”来寻求解决方案，尤其是在它最大的竞争对手做着相反的事情的时代——这个竞争对手正急切盼望成为一个创新国家。当然，美国将来还有希望、有机会继续前行。

机会导向走向终结

在一段时间里，连美国几乎都无法完成的事情却在一些集

---

① 数据来自美国劳工联合会–产业工会联合会的专业雇员部。

权国家开始尝试起来，但正如委内瑞拉总统尼古拉斯·马杜罗（Nicolás Maduro Moros）失败的“社会主义”政治所表现的，逆时间和经济发展潮流的行为只不过是昙花一现而已。

中国政府充分意识到，它们必须彻底转变以前的做法，即要把维持必要的经济增长作为头等大事来抓。早在1990年，江泽民主席就在一次私人聚会上对本书的合著者约翰说，中国当下所面临的最大挑战就是对非生产性工厂进行裁员。[①]那时，裁员影响到了绝大多数的国有企业，直到今天它还在影响着中国的各行各业。

由于中国经济规模巨大，而且经济发展参差不齐，既有欠发达行业也有高度发达行业，所以中国的蓝领劳动者能够转移到新的工厂重新就业，但这种移民式的就业在接下来的20年时间里就会慢慢地走向终结。也就是说，机会导向的群体开始走下坡路，并开始寻找其他工作机会。

回看历史能帮助我们保持心理情感不受复杂思想的影响，而且也有助于我们以更深远、客观的视角来看待事物。让我们来思考一下关于全球化的各种观点。全球化不是利益群体或政府决策的产物。它不是一个可有可无的发展过程。全球化是科技、生产、贸易、交通和通信发展的结果。不论我们是否支持全球化都不能改变正在发生的事实，经济游戏已经发生了变化。雇员、企业家和企业在这个发展进程中能发挥多大的作用要取决于调整和创新的灵活性。

---

① 作者指的是发生在中国20世纪90年代的下岗分流浪潮。——译者注

经济学家有时候也是错的

当面对新的信息冲击时，即使我们愿意改变信仰和观点，也经常会受到专家们——那些比我们知道更多的人的操纵。我们把赌注押在那个时代我们能接触到的一流专家和权威部门身上。我们的任务就是，听他们说，然后决定是否根据他们的建议来做出行动。有时，这些建议是精确的、有帮助的，但也有时，专家的建议是错误的。

历史上影响力最大的经济学家之一，约翰 · 梅纳德 · 凯恩斯（John Maynard Keynes）在其 1919 年的著作《和平的经济后果》（*The Economic Consequences of the Peace*）中预测，逼迫德国支付赔款将会加深德国的战争创伤。他还参加了"一战"后凡尔赛和平条约的谈判，并强烈反对让德国支付高额战争赔款。后来的事实证明，他所担心的事情最终还是发生了：对德国索取的这些战争赔款最终促发了"二战"。凯恩斯是对的。他的反对者——他们之中很多人都有充足的理由推动德国进行赔款——却是错的。

同样，一些经济学家也不赞同共产主义体制。奥地利经济学家弗里德里希 · 哈耶克（Friedrich Hayek）在其 1945 年出版的书《知识在社会中的利用》（*The Use of Knowledge in Society*）中预测了共产主义的垮台。而且他如此认为还有一个坚实的理由：成功的中央政府需要提前知道市场的决断，这当然是不可能的。在 1961 年，保罗 · 萨缪尔森（Paul Samuelson）强烈反对哈耶克的结论。萨缪尔森在 1970 年成为第一个获得诺贝尔经济学奖的美国人，他说:“苏联的经济发展证明，那些怀疑论者先前持有的观点——社会主义的行政命令能够有效运行并能促进经济繁荣，是行不通的。”他并不是唯一犯错的经济学家。

为什么我们那么相信经济学家的预测

琼·罗宾逊（Joan Robinson）是一位以研究货币经济学和广义经济学理论而著称的英国经济学家，1964年，她在访问完韩国（朝鲜半岛已经从1945年开始分裂）后说:“北方（指朝鲜）会持续繁荣，而南方（指韩国）状况会继续恶化，谎言迟早有真相大白的那一天。”现在，我们仍然在等待。

欧文·费雪（Irving Fisher）是美国伟大的经济学家之一，他可能非常钟情于自己的一个预测，而如果这个预测更早一些成为现实他会更加兴奋。在1929年10月，在华尔街大崩溃的“黑色星期二”之前的两周，他宣称，他确信股市已经达到了一个“永久性高地”。最终，恢复到原来的高点花费了25年的时间。

在1976年，哈佛大学社会学家傅高义（Ezra Vogel）出版了《日本第一》（*Japan as Number One*）。在这本书中，他预测美国经济很快将会被日本超越。

要想做出准确的预测该有多难啊！ 2007年10月高盛首席投资策略师艾比·约瑟夫·科恩（Abby Joseph Cohen）所做的一个预测足以证实这一点。她认为，标准普尔500指数到2008年将冲到1 675点。而相反，这一指数并没有爬升14%，而是下降了，最终跌到900点以下，几乎是她预测的价值的一半。

乔治·W. 布什研究所的创始人詹姆斯·格拉斯曼（James Glassman）和美国经济学家凯文·哈西特（Kevin Hassett）在 1999 年预测道琼斯指数将会在第二年增长到原来的三倍——从 11 497 点增长到 36 000 点。这一预测即使有一半的准确性，投资者也会非常高兴。然而事实是，16 年时间过去了，这一指数还没增长一倍。

艾伦·格林斯潘（Alan Greenspan）在 2007 年出版了《动荡的年代》（*The Age of Turbulence*）一书，在这本书中，他警告，在不远的将来，若要控制通货膨胀，世界可能需要两位数的利率。中国的利率在 2008 年达到顶峰，而在 2016 又降至略高于 4% 的低点。在美国和欧洲，利率在过去几年里都接近为零。

财富差不多达到 250 亿美元的乔治·索罗斯预测，中国的通货膨胀在 2011 年将会变得“有些失控”，而且还有继续恶化的危险。另一方面他的家族办公室从 2012 年 11 月到 2013 年 2 月投资 10 亿美元预言日元在安倍晋三（日本第 90 任首相）治理之下会下跌。

《纽约时报》排名第一的畅销书作家、印裔美国经济学家拉维·巴特拉（Ravi Batra）的预测也与事实大相径庭。他在《1990 年大萧条下的生存》（*Surviving the Great Depression of 1990*）一书中预测到大动荡会出现，然而与之相反，在 20 世纪 90 年代全球经济出现了大规模的增长。

让我们以乐观向上的理查德·布兰森（Richard Branson）结束这段叙述，他在 2010 年就发出了石油会严重短缺的警告：“接下来的 5 年时间里我们会面另一场危机——石油危机。”6 年时间过去了，石油的价格却比那时还要低。[1]

当然，这一列表不禁让人产生疑问，谁还会继续下去?

坚持可靠的来源

当然，任何谈论或者撰写未来发展的人都有可能会犯错。信息越少、越不可靠，预测的风险就会越大。而越明显的变化越容易监控，比如汇率波动或者高风险的股市波动以及非理性行为的潜在风险。

如果你害怕可获取的信息不可靠，你又该如何掌控大趋势?那就要远离个人观点，观察事实。

拿报纸来说。如果你热爱运动，你就要从后往前读，你开始读的是最可信的部分——体育版。得分、名次表和参赛选手的统计数据是很难被错误报道的。不准确的现象以及不同的观点主要是针对某些队、某些选手以及赛场内外的事件的评论。博客也是这样，但至少它没有假装在陈述事实。

对于将要发生的事情，一般人是很难预测的，但只要经过一些努力去训练，我们就能够对当下的事情做出正确的判断。而一旦具备了这种能力，我们将能够基于事实而不是自己的一厢情愿来回答“接下来将会发生什么”的问题了。

---

① 参见http://uk.businessinsider.com/12-of-the-worst-predictions-about-the-global-economy-that-intelligent-people-have-ever-made。

如何区分趋势和流行

除了区分事实和观点的重要性之外，我们也需要弄清楚趋势和大趋势之间有着根本性的不同。我们经常称作趋势甚至大趋势的现象实际上只是一种流行，而流行是瞬息万变的。消费趋势就是一个很好的例子，虽然它们对大多数行业来说都很重要，它们的影响却是无法持久的。它们来得快，去得也快。趋势则涉及恒定不定的发展和行为，大趋势基于个人的意图和创新以及社会经济变化的演变，比如说信息时代和我们的经济全球化。

毫无疑问，掌控大趋势有时需要去把握机会，即使图景是模糊不清的，而且藏于其中的背景也是我们无法看到的。我们需要努力去辨识一种大趋势并不是因为它隐藏起来了，而是因为虽然我们一直把关注的焦点放在一些难题上，但几乎没有任何希望发现解决问题的机会。

不要害怕错误

掌控我们的思想，尽量保持思想独立，坚持我们的直觉并不容易，但这些对我们是很重要的。当然，我们免不了会犯错。2000—2005 年，我们确信，美国仍将会保持几十年的霸权。虽然我们每年都要去中国几次，我们低估了这个国家发展的速度以及实施的战略行动，回头看一下，才发现这些都是很明显的。而且，我们必须补充一点，我们过高估计了美国适应正在变化的全球环境和解决政治僵局的意愿与能力。

欧盟的萧条局面虽然越发明显，但还是被隐藏在沾沾自喜的氛围之中。欧盟的悲剧是想要拥有“欧洲合众国”的经济和政治力量，却不愿付出实际的努力和行动去实现那样的目标。

正像我们在本书前面的章节里所指出的，我们被问及的最普遍的问题是“下一个大趋势是什么？”还有一个经常的问题是“你犯过多少错误？”如果你们也对同样的问题感兴趣，可以参考下面的大趋势总结表，这是我们在1982—2015年出版的书中重点阐述的。

表10–1　近年来我们发现并记录的大趋势

年份	出版的图书作品	大趋势
1982年	《大趋势》	• 从工业社会转向信息社会 • 从国家经济向世界经济转变 • 从等级制度转向网络组织
1990年	《再造企业》	• 社会趋势和信息技术将会影响企业行为 • 计算机将取代中间层次的工作 • 成熟的企业将培育企业家精神
1992年	《女性大趋势》	• 还没有完全解放出来的女性将构建新的社会秩序 • 女性将闯入公司高层 • 女性从政高潮将出现
1994年	《亚洲大趋势》	• 亚洲所发生的一切是今天这个世界最重要的发展进程 • 亚洲的发展无与伦比，不仅对亚洲来说是这样，对全球来说也是这样 • 当21世纪来临的时候，亚洲的现代化将永远重塑世界

（续表）

年份	出版的图书作品	大趋势
2000 年	《高科技，高感触》	• 技术就像货币一样，它既能给我们带来利益，又能让我们深陷其中 • 技术容易让人着迷，就像电子游戏会增加孩子的暴力倾向一样 • 生物技术产业会给世界带来危险 • 互联网是一种社会现象
2010 年	《中国大趋势》	• 解放思想 • 摸着石头过河 • 从奥林匹克金牌到诺贝尔奖得主
2015 年	《全球大变局》	• 从以西方为中心过渡到多中心 • 全球南环经济带的崛起 • 中国成为游戏规则颠覆者 • 城市改变全球规则
2017 年	《定见未来》	• 欧洲正面临全面衰落 • 经济单位正从国家层面转向经济领域

女性地位越来越突出

在《女性大趋势》一书中，我们提到了大趋势仍然处在酝酿之中。即使在一些国家女性已经获得了社会地位，但我们现在离男女平等还有很长的一段距离。美国人口普查局最新的数据显示，相比一名男性能够挣 1 美元，一名女性仅能挣 79 美分。

截至 2015 年 10 月，标准普尔 500 强公司的女性CEO数量仅有 23 名（占 4.6%）。在中国公司里，现在女性位居高层职位的比例是 30%。无女性担任高层职位的公司数量占比从 2015 年的 25%下降到 2016 年的 16%。①

① 参见 2016 年 3 月 11 日《中国日报》。

根据韩国政府的一份报告，在顶级的100家大公司中，女性高管所占的比例只有2.3%，她们之中大部分都来自控股的家庭。没有一家大型公司有女性CEO。1901—2015年授予的825个诺贝尔奖和经济学奖中，只有48个授予了女性。

性别平等还有很长的路要走

根据世界经济论坛关于性别平等的最新报告，性别差异比2016年更大了，部分原因来自中国和印度。对于需要多少年才能填补性别差异，这份报告给了一份不太乐观的估计（理论上）：亚洲需要46年，西欧需要61年，拉丁美洲需要72年，而撒哈拉以南非洲需要79年。东亚和太平洋地区需要146年，东欧和中亚可能需要149年才能填补这一差异。美国呢？填补性别差异的美国梦要想实现可能需要158年。名列前茅的是冰岛、芬兰、挪威、瑞典以及引人注目的卢旺达（需要5年）和菲律宾（需要7年）。

女性在领导阶层中仍然是少数。根据2015年致同会计师事务所（Grant Thornton）发布的研究报告，商业领导者中女性所占的比重如下所示：

- 从全球范围来看，女性担任高级商业职务的比例仅占24%。
- 高级职务中没有女性的公司占公司总数的1/3。
- 女性担任高级职务的比例最低的两个国家是：日本（占7%）和德国（占15%）。
- 关于女性担任领导职务的比例，东欧占35%，东盟占34%。

- 在东欧16%、东盟24%的公司中，没有女性参与高级管理。
- 在中国，只有30%的女性担任领导职务。
- 处在顶端、让我们感到吃惊的是俄罗斯，这个国家有45%的女性参与到领导工作岗位中。
- 同样让人吃惊的是菲律宾，这一比例占到了39%。

在韩国，大学中的女性比例已经超过了男性，但她们在很多精英领域仍然不是主流：只有19%的律师由女性担当，女性医生的比例仅占23.9%，而大学教授中女性的比例是23%。虽然有46%的女性通过了公务员考试，但最终能够从事公务员职业的女性比例仅占8.8%。

女性的劣势

即使现在绝大多数孩子所处的经济环境都比以前更好了，而且某些发达国家也能提供同等水平的发展舞台，比如给女孩提供更好的教育条件，给女性提供更好的就业机会以及更平等的薪酬，但身为一个女孩，还是处于一定的劣势地位。印度和中国的父母对男孩更加青睐。（为了避免因知晓胎儿是女孩而堕胎，中国已经禁止了在产前鉴定性别。在印度，在过去的20年里，根据联合国对女性侵犯的一份研究报告，产前性别鉴定每年导致50万名未出生的女婴死亡。在尼泊尔，15%的女孩都会在15岁之前结婚。联合国儿童基金会预计："如果撒哈拉以南非洲和南亚、西亚的所有女孩都接受中等教育，那么童婚将会从290万下降到100多万。"

根据《德国时代周报》2016 年的报告，世界上每 9 个女孩中就有 1 个女孩是被迫在 15 岁生日之前结婚的；有 1 500 万个女孩被禁止接受初等教育；在全世界 7.8 亿没有接受过教育的人口中，差不多有 2/3 是女性；还有，在所有的贫困人口中，有 3/4 是女性，她们之中很多都是需要养育孩子的单身母亲。

对个人来说，我们感到很失望，因为我们错误地认为，女性的平等已经走上了一个更快的发展轨道——尽管很多还停留在口头承诺上，但事实并不尽如人意。然而，本书的合著者多丽丝是国际妇女论坛的一名成员，我们至少要在这个组织里发出我们的声音，从而推动这一趋势向更好的方向发展，并且让它转变成一个重要的大趋势。

利用选择的力量掌控大趋势

实际上，任何对大趋势的讨论都暗含着个人对外部条件和环境的失控，因为大趋势具有排山倒海的力量。而这并不意味着那些被大趋势抛在身后的人们就应该采取消极的态度或者加入虚无主义的阵营。对于这种心态，我们是坚决反对的。虽然你不能改变过去，不能改变你周围的环境，虽然你不能实现你想要的结果，但你一定要具备选择的能力，它真的是一股超强的力量。

尽管有着数不胜数的负面消息，但从全球规模上看，人们的生活质量已经前所未有地提高了。变化日新月异，人们的需求也在改变。现在，生存和成功更多地依靠脑力而不是体力，更多地依靠承担风险而不是规避风险。这一切没有什么错。变化和挑战，再加上一定的雄心、决心、创造力和聪明才智，将会促使我们达到更高的成就。需要避免的是政治上的变动与调整，这种变动与调整会把深层的原因隐藏起来，没人想要去解决，反而还会削弱驱动进步的动力。

不可动摇的起点是，生命是不公平的。我们出生在不同的环境下——富强大国或贫穷国家，嘘寒问暖或漠不关心的父母，万贯家财或一贫如洗，天生我才或天赋平庸。面对这一切，比较糟糕的做法是，我行我素，秉持受害者的心态——舍弃选择与努力。

我们不能选择我们出生的环境，但我们可以选择做什么、拥有什么以及我们是谁。一个持有受害者心态的人会找出千万条理由来辩解为什么这样或那样是不可能的，为什么会失败。当然，在一些地区、一些环境中个人几乎是没有任何自由的，但我们讨论的不是那样的条件。我们讨论的是像你们和我们这样的人。

对于那些想依靠自己的梦想和努力获得财富与成功的人来说，凯旋之路只有通过长时间的努力工作、决心和出色的成就来铺就。当然，并不是每个人都有这种能力，也并不是每个人都会全力以赴。雄心壮志能够鼓励、能够培养，却不能够强加。只有我们自己才能决定未来的路该怎么走。想要掌控大趋势，我们提供的最好建议是：拥抱并欢呼选择的力量。